中国旅游景区门票价格分析报告

（2016）

宁志中　杨蕾蕾　杨雪春 等◎著

科学出版社
北　京

内 容 简 介

2004年以来，我国旅游景区，特别是公共资源类旅游景区门票价格呈大幅上涨趋势，引起业内人士乃至普通民众的广泛关注。

本书依据国家旅游局发布的《2015 年中国旅游景区发展报告》相关数据，运用数理统计方法，对2015年全国 A 级旅游景区门票价格总体情况进行总结，客观呈现了国家有关部门加大对旅游景区门票价格管控的成效，并为国家实施旅游景区门票价格管理与改革提供基础参考。

本书可供大中专院校旅游专业师生、旅游行业从业者（旅游规划、旅行社等）、相关物价统计部门从业人员阅读，也可为旅游管理部门制订决策提供依据。

图书在版编目（CIP）数据

中国旅游景区门票价格分析报告（2016）/宁志中等著. —北京：科学出版社，2017.4

ISBN 978-7-03-052044-9

Ⅰ. ①中… Ⅱ. ①宁… Ⅲ. ①旅游区-门票-价格-研究报告-中国-2016 Ⅳ. ①F592.1

中国版本图书馆 CIP 数据核字（2017）第 042614 号

责任编辑：石 卉 程 凤 / 责任校对：刘亚琦
责任印制：张 伟 / 封面设计：有道文化

科 学 出 版 社 出版
北京东黄城根北街 16 号
邮政编码：100717
http://www.sciencep.com
北京凌奇印刷有限责任公司 印刷
科学出版社发行 各地新华书店经销

*

2017年4月第 一 版 开本：B5（720×1000）
2019年1月第二次印刷 印张：11 3/4
字数：236 000

定价：65.00 元

（如有印装质量问题，我社负责调换）

前言

2004 年以来，我国旅游景区，特别是公共资源类旅游景区的门票价格呈大幅上涨趋势，引起业内人士与普通民众的广泛关注，并于 2005 年引发全国范围的网络舆论风暴。为规范门票管理工作，中华人民共和国国家发展和改革委员会（简称国家发改委）于 2005 年下发《国家发展改革委关于进一步规范游览参观点门票价格管理工作的通知》，要求对实行政府定价、政府指导价的门票价格等进行审核，要求重点文物保护单位、国家重点风景名胜区等重要游览参观点门票价格的制定和调整要按照各地听证目录规定实行听证；于 2007 年下发《国家发展改革委关于进一步做好当前游览参观点门票价格管理工作的通知》，明确规定旅游景区门票价格调整频次不低于 3 年。

在国家发改委、国家旅游局等相关部门加大景区门票价格监管力度的同时，部分景区门票价格“打包加价”“超标提价”“火速提价”等新闻仍频频占据各类媒体头条，一些景区门票价格更凭规定“够 3 年就涨”，从而导致 2009 年和 2013 年再次引发网络舆论风暴，“门票价格高”的公众感受延续至今。

本书依据国家旅游局发布的《2015 年中国旅游景区发展报告》相关数据，运用数理统计方法，对 2015 年全国 A 级景区门票价格总体情况进行总结，并按 6 大片区的 30 个省级行政单元及新疆生产建设兵团[①]，对景区门票

① 本书数据源自《2015 年中国旅游景区发展报告》，如无特别说明，不含港、澳、台地区及西藏自治区数据，其中新疆维吾尔自治区不包括新疆生产建设兵团数据，新疆生产建设兵团作为“军、政、企合一”的特殊行政区划单位被单独列出。需特别说明《2015 年中国旅游景区发展报告》中所列数据为完成经营数据填报的景区数量，而非实际情况。

价格进行翔实、深入分析。

但出乎意料的是，我们发现2013年以来，我国A级旅游景区平均门票价格一直保持在31元，价格水平并未上涨，但所有游客人均门票负担却逐年下降，年均降速达14.48%，由2013年的29.00元/人次下降到2015年的21.21元/人次。与之对应，景区门票收入由2013年的849.20亿元下降到2015年的801.16亿元，年均降速为2.87%，连续三年跌出景区分类收入榜首。

本书首次对我国旅游景区门票价格情况进行“全域扫描”，可供旅游专业学生、旅游局、旅行社等旅游行业从业者，相关物价统计部门从业人员阅读，也可为旅游爱好者及相关部门进行门票价格管理与改革提供参考。

本书编写组成员有宁志中、杨蕾蕾、杨雪春、李庭筠和刘云，书中疏漏及不周之处在所难免，敬请读者批评指正。

目录

第一章

2015 年中国 A 级旅游景区门票价格总体情况

我国地大物博，地质构造带和气候带的纵横交叉综合作用造就了我国独特的山水地质景观。从横向上看，从东海到青藏高原四个地形台阶依次排列，东部与西部地质构造不相同，气候环境有所变化，既有湿润海洋气候环境，也有内陆干旱气候环境，以及介于中间的半干旱气候环境。从纵向上看，我国北方与南方地质构造不同，气候分带更明显，从热带、亚热带、温带，一直跨入寒温带。因此，全国范围内呈现山、湖、峡谷、沙漠、海岛、森林、冰川、草原等山水地质景观相嵌的格局，拥有故宫、长城、丝绸之路、武陵源、布达拉宫等众多世界级旅游资源。

截至 2015 年年底，全国共有 A 级旅游景区 7951 家，较 2014 年增加 592 家，增长 8%。在全国 7951 家 A 级景区中，免门票和收门票景区分别为 3378 家和 4573 家，分别占全国 A 级景区总数的 42.49%和 57.51%。A 级景区旅游总收入为 3479.08 亿元，门票收入为 801.16 亿元，占 23.03%。A 级景区游客接待总量为 37.77 亿人次，其中政策性免票游客量和购票游客量分别为 16.75 亿人次和 21.02 亿人次，分别占全国 A 级景区游客接待总量的 44.35%和 55.65%。

2015年，国家有关部门不断加大对全国旅游景区门票价格的监管力度。国家发改委、国家旅游局联合发布《关于开展景区门票价格专项整治工作的通知》，相关部委将从2015年9月起开展为期 1 年的门票价格专项整治工作，其间，对实行政府定价、政府指导价的景区，各地原则上不出台新的上调门票价格方案。此外，国家旅游局牵头开展抑制景区门票价格上涨的活动。2015年3月，国家旅游局在全国启动开展了为期 3 年的创建“全国旅游价格信得过景区”活动，1801家旅游景区成为首批“全国旅游价格信得过”景区。同年8月，中国旅游景区协会发出倡议，号召5A、4A 级景区带头不涨门票价格。截至8月31日，已有2050家5A 级和4A 级景区签订“不上涨门票价格”承诺书，约占全部5A 和4A 级景区的80%，其中山东省191家、江苏省169家、浙江省132家、四川省116家、河北省和黑龙江省各100家景区都承诺不涨价。

第一节　总体价格情况

2015年，全国共有4573家A 级景区收门票，其中1073家景区票价区分淡旺季，同年全国A 级景区全年平均门票价格为31元，与上年持平，淡旺季平均门票价格分别为29元和33元（表1-1）[①]。

表 1-1　2014~2015 年全国 A 级景区全年及淡旺季门票价格总体情况

全年平均门票价格			淡季平均门票价格	旺季平均门票价格
2014年	2015年	增长率		
31 元	31 元	0	29 元	33 元

景区游客门票负担及门票福利：景区游客人均门票负担可分为所有游客人均门票负担和购票游客人均门票负担两种。其中所有游客人均门票负担可

① 本报告所涉及的全年平均门票价格、淡旺季平均门票价格专指成人票价。

通过某景区门票收入与所有游客接待量的比值来反映；购票游客人均门票负担可通过某景区门票收入与购票游客接待量的比值来反映。景区门票福利可通过某景区平均门票价格与免票游客接待量相乘得到。2015年全国A 级景区所有游客人均门票负担和购票游客人均门票负担分别为21.21元和38.12元，其中所有游客人均门票负担较上年减少2.49元，下降10.51%，购票游客人均门票负担较上年增加0.82元，上涨2.20%。此外，2015年全国A 级景区政策性免票游客 16.75 亿人，较 2014 年增长 44.15%。所产生的门票福利共计519.23亿元，较2014年增加159.00亿元，增长44.14%（表1-2）。

表 1-2　2014~2015 年全国 A 级景区人均门票负担及门票福利统计

项目	2014 年	2015 年	增量	增长率/%
所有游客人均门票负担/元	23.70	21.21	−2.49	−10.51
购票游客人均门票负担/元	37.30	38.12	0.82	2.20
门票福利/亿元	360.23	519.23	159.00	44.14

全国居民门票可承受力：居民门票可承受力可通过某地景区平均门票价格占某地居民人均月收入或占人均月消费支出比重来反映。2015年，全国城镇、农村及全国居民人均月收入分别为2600元、952元和1863元，全国城镇、农村及全国居民人均月消费支出分别为1783元、769元和1309元。A 级景区平均门票价格分别占城镇、农村及全国居民人均月收入的1.19%、3.26%和1.66%，分别占三类居民人均月消费支出的1.74%、4.03%和2.37%。由此可见，与国外发达国家景区平均门票价格占国民人均月收入比重小于1%相比，我国A 级景区门票价格相对较高（表1-3）。

表 1-3　2014~2015 年全国 A 级景区平均票价占居民人均月收入及月消费支出比重

（单位：%）

年份	占居民人均月收入比重			占居民人均月消费支出比重		
	城镇	农村	全国	城镇	农村	全国
2014	1.25	3.43	1.79	1.80	4.29	2.48
2015	1.19	3.26	1.66	1.74	4.03	2.37

与2014年相比，2015年六个比值均呈下降态势，其中全国A级景区平均门票价格占全国居民人均月收入比重下降幅度最快，为7.26%，平均门票价格占城镇居民人均月消费支出比重下降幅度最慢，为3.33%。

第二节　分等级A级景区门票价格情况

一、全年及淡旺季平均票价

从景区等级结构来看，2015年全国A级景区数量呈“中间大、两头小”的纺锤形结构，4A、3A和2A级景区数量占所有A级旅游景区总量的96.16%。5A和1A级所占比重较小，低于总量的4.00%。其中3A级景区数量最多，为3018家，占全国A级景区总量的37.96%；其次是4A和2A级旅游景区，分别为2580家和2047家，占比分别为32.45%和25.75%；5A和1A级旅游景区数量相对较少，分别为212家和94家，占比分别为2.67%和1.18%。

各等级A级景区全年平均门票价格（图1-1）以5A级景区最高，为118元，其次是4A和3A级景区，分别为51元、21元，2A和1A级景区相对较

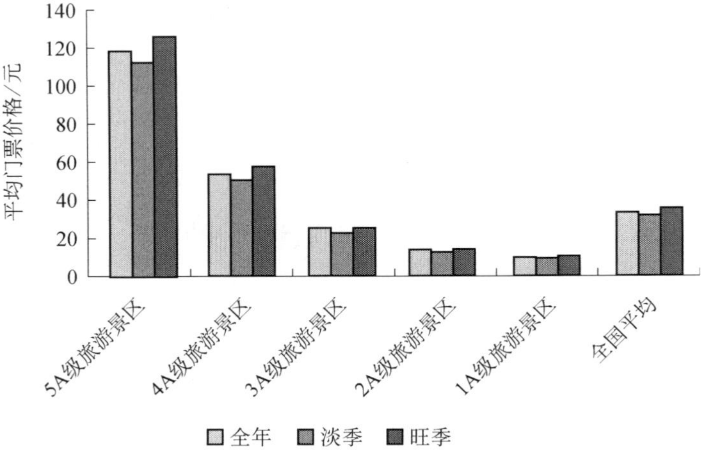

图1-1　2015全国A级旅游景区分等级平均门票价格

低，分别为10元和7元。淡旺季平均门票价格同样也以5A 级景区最高，分别为112元和126元，其次是4A 级景区，分别为48元和55元，1A 级景区淡旺季平均门票价格最低，分别为6元和7元。

二、门票负担及门票福利

（一）门票负担

从等级结构来看，2015 年 5A 级景区所有游客和购票游客人均门票负担最大，分别为 42.35 元和 53.94 元；2A 级景区两类游客人均门票负担最小，分别为 2.91 元和 8.39 元。

与 2014 年相比，所有游客人均门票负担除 4A、2A 级景区下降外，其他等级景区均呈增长态势。其中 1A 级景区增速最快，增长 151.05%，2A 级景区降幅最快，下降 22.61%。购票游客人均门票负担除 4A、2A 级景区下降外，其他等级景区呈增长态势，其中以 1A 级景区购票游客人均门票负担增长最快，为 134.12%，2A 级景区购票游客降速最快，下降 21.25%（表 1-4、图 1-2、图 1-3）。

表 1-4　2014～2015 年全国 A 级旅游景区分等级人均门票负担统计表

项目	2014 年		2015 年					
	所有游客/元	购票游客/元	所有游客/元	增量/元	增长率/%	购票游客/元	增量/元	增长率/%
5A 级旅游景区	41.89	49.22	42.35	0.46	1.10	53.94	4.72	9.59
4A 级旅游景区	24.93	37.47	20.33	−4.6	−18.45	36.19	−1.28	−3.42
3A 级旅游景区	9.02	20.27	10.02	1.00	11.09	24.49	4.22	20.82
2A 级旅游景区	3.76	10.64	2.91	−0.85	−22.61	8.39	−2.25	−21.15
1A 级旅游景区	1.90	5.92	4.77	2.87	151.05	13.86	7.94	134.12
全国平均	23.70	37.30	21.21	−2.49	−10.51	38.12	0.82	2.20

注：全国平均是指全国所有 A 级景区的平均值，全书余同

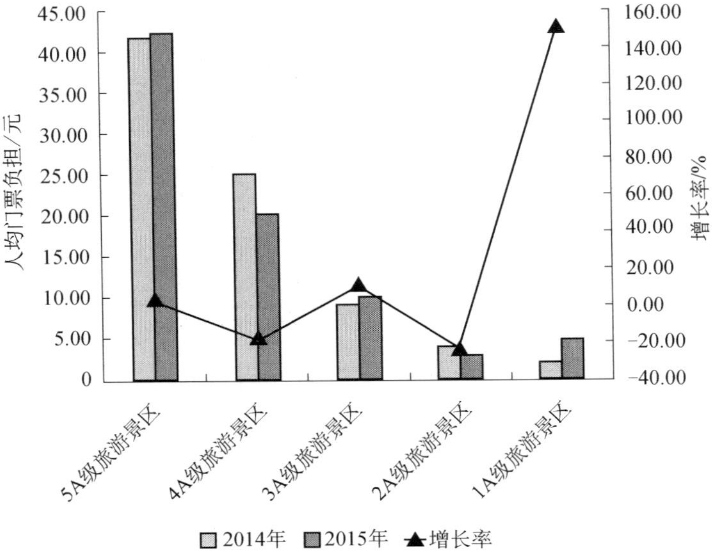

图 1-2　2014～2015 年全国 A 级景区分等级所有游客人均门票负担情况

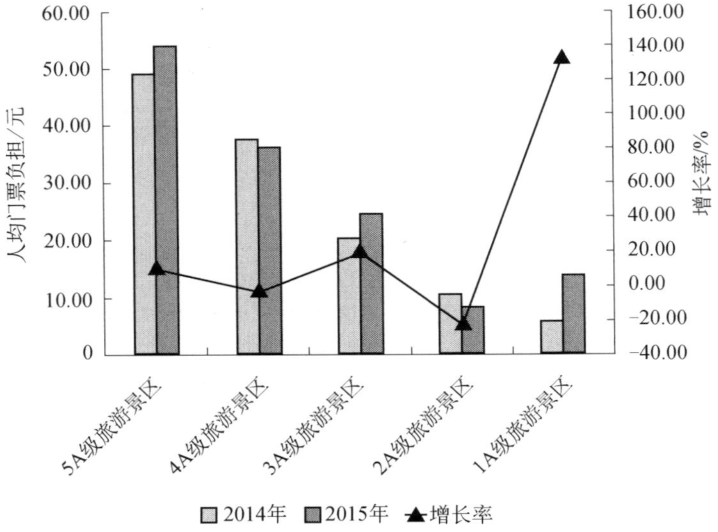

图 1-3　2014～2015 年全国 A 级景区分等级购票游客人均门票负担情况

（二）门票福利

从景区等级结构来看，2015 年 4A 级景区贡献门票福利最高，为 397.26

亿元；其次是5A 和3A 级景区，门票福利分别为207.47 亿元和102.67 亿元；2A 和1A 级景区门票福利相对较低，分别为22.67 亿元和0.32 亿元。

除1A 级景区门票福利下降外，2015 年其他等级景区均呈增长态势，其中以5A 级景区门票福利增长最快，较2014 年增加82.52 亿元，增长66.04%；其次是4A 和2A 级景区，分别较2014 年增加123.69 亿元和4.81 亿元，分别增长45.21%和26.93%；3A 级景区门票福利较2014 年增长最慢，为31.98%；1A 级景区较2014 年下降11.11%（表1-5）。

表1-5 2014～2015 年全国A 级景区分等级门票福利统计表

项目	2014 年	2015 年		
	门票福利/亿元	门票福利/亿元	增量/亿元	增长率/%
5A 级旅游景区	124.95	207.47	82.52	66.04
4A 级旅游景区	273.57	397.26	123.69	45.21
3A 级旅游景区	77.79	102.67	24.88	31.98
2A 级旅游景区	17.86	22.67	4.81	26.93
1A 级旅游景区	0.36	0.32	−0.04	−11.11

三、居民门票可承受力

从景区等级结构来看，5A、4A 级景区平均门票价格占全国居民人均月收入和月消费支出的比重高于全国平均水平，其中5A 级景区平均票价格所占比重最高，分别占城镇、农村及全国人均月收入的4.54%、12.40%和6.45%，分别占该三类居民人均月消费支出的6.62%、15.35%和9.01%。1A 级平均票价所占比重最低，分别占该三类居民人均月收入的0.27%、0.74%和0.38%，分别占该三类居民人均月消费支出的0.39%、0.91%和0.53%（表1-6）。

表 1-6　2015 年全国 A 级景区分等级平均票价占居民人均月收入及月消费支出比重

（单位：%）

项目	占居民人均月收入比重			占居民人均月消费支出比重		
	城镇	农村	全国	城镇	农村	全国
5A 级旅游景区	4.54	12.40	6.45	6.62	15.35	9.01
4A 级旅游景区	1.97	5.38	2.80	2.87	6.67	3.91
3A 级旅游景区	0.81	2.21	1.15	1.18	2.73	1.60
2A 级旅游景区	0.38	1.05	0.55	0.56	1.30	0.76
1A 级旅游景区	0.27	0.74	0.38	0.39	0.91	0.53
全国平均	1.19	3.26	1.66	1.74	4.03	2.37

第三节　分类型 A 级景区门票价格

一、全年及淡旺季平均票价

从景区类型来看，2015 年全国 A 级景区以自然景观类景区数量最多，共 2295 家，占全国 A 级景区总数的 28.86%；其次是历史文化和度假休闲类景区，分别为 1484 家和 1324 家，占比分别为 18.66%和 16.65%；乡村旅游、博物馆、其他、红色旅游、主题游乐、工业旅游类景区相对较少，分别为 705 家、581 家、586 家、382 家、317 家和 184 家，占比分别为 8.87%、7.31%、7.37%、4.80%、3.99%和 2.31%，科技教育类景区最少，为 93 家，占比仅为 1.17%。

各类型 A 级景区全年平均门票价格以主题游乐类景区最高，为 69 元，其次是自然景观类和度假休闲类景区，分别为 40 元和 36 元，科技教育、历史文化、其他、乡村旅游、工业旅游和博物馆六类景区平均门票价格相对较低，分别为 28 元、27 元、22 元、18 元、15 元和 14 元，红色旅游类景区平均门票价格最低，为 8 元。淡旺季平均门票价格同样也以主题游乐类景区最高，分别为 65 元和 73 元；其次是自然景观类景区，分别为 37 元和 42 元；度假休闲类景区名列第三，分别为 33 元和 39 元；红色旅游类景区最低，分别为 8 元和 9 元（图 1-4）。

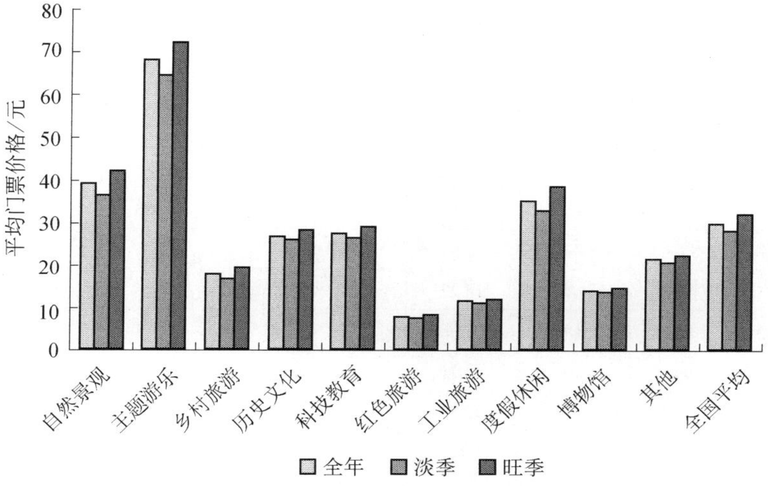

图 1-4 2015 全国 A 级旅游景区分类型平均门票价格

二、门票负担及门票福利

（一）门票负担

从景区类型来看，主题游乐类景区所有游客和购票游客人均门票负担最大，分别为 53.77 元和 74.58 元；其次是自然景观类景区，两类游客人均门票负担分别为 28.45 元和 44.68 元；红色旅游类景区所有游客和购票游客人均门票负担最小，分别为 3.66 元和 12.38 元。

与 2014 年相比，除主题游乐、科技教育和度假休闲类景区人均门票负担增长外，其他类型景区均呈下降态势。其中主题游乐类景区人均门票负担增速最快，高达 219.49%，历史文化类景区人均门票负担降幅最快，下降 77.44%。购票游客人均门票负担除自然景观、主题游乐和度假休闲三类景区增长外，其他类型景区均呈下降态势，其中主题游乐类景区人均门票负担增速最快，高达 198.56%，历史文化类景区降速最快，下降 68.72%（表 1-7、图 1-5～图 1-6）。

表 1-7　2014～2015 年全国 A 级景区分类型人均门票负担统计表

项目	2014 年		2015 年					
	所有游客/元	购票游客/元	所有游客/元	增量/元	增长率/%	购票游客/元	增量/元	增长率/%
自然景观	29.61	39.83	28.45	−1.16	−3.92	44.68	4.85	12.18
主题游乐	16.83	24.98	53.77	36.94	219.48	74.58	49.60	198.56
乡村旅游	22.60	36.49	10.37	−12.23	−54.12	23.68	−12.81	−35.11
历史文化	68.89	87.11	15.54	−53.35	−77.44	27.25	−59.86	−68.72
科技教育	11.28	35.81	12.39	1.11	9.84	26.96	−8.85	−24.71
红色旅游	10.88	22.78	3.66	−7.22	−66.36	12.38	−10.4	−45.65
工业旅游	6.86	22.24	4.27	−2.59	−37.76	13.26	−8.98	−40.38
度假休闲	3.84	15.63	23.80	19.96	519.79	42.50	26.87	171.91
博物馆	17.08	29.89	10.39	−6.69	−39.17	27.33	−2.56	−8.56
其他	25.03	40.44	13.66	11.37	−45.43	27.81	−12.63	−31.23
全国平均	23.70	37.30	21.21	−2.49	−10.51	38.12	0.82	2.20

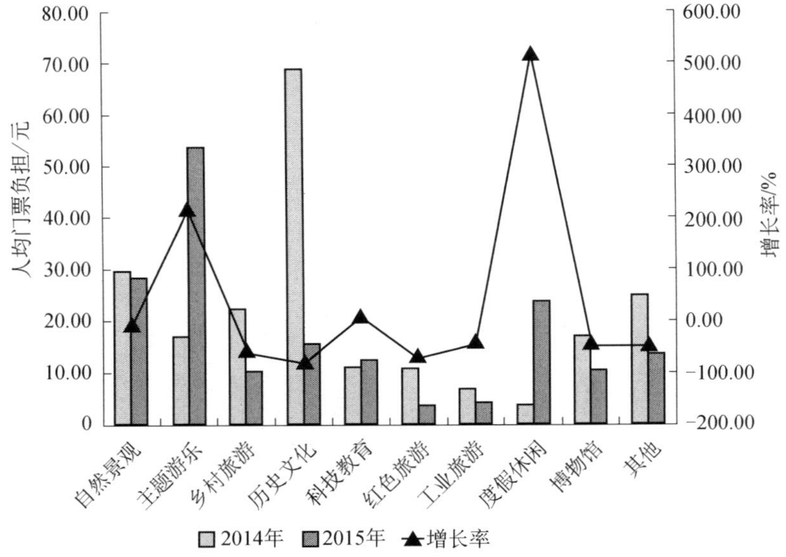

图 1-5　2014～2015 年全国 A 级景区分类型所有游客人均门票负担情况

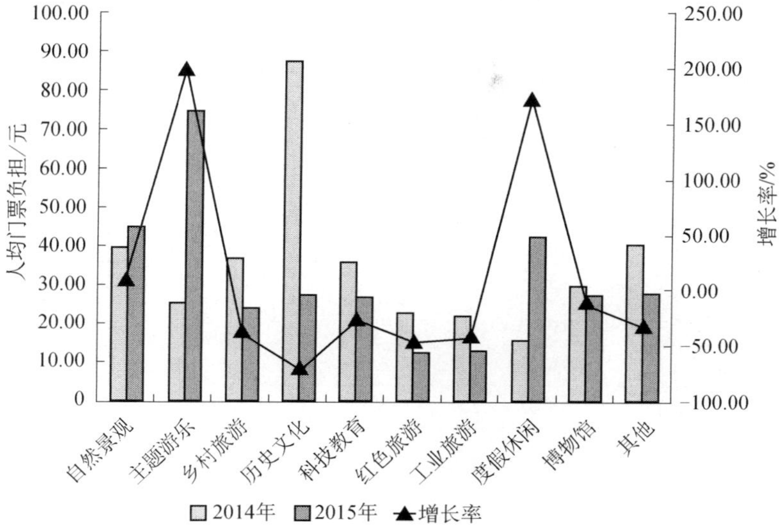

图 1-6　2014～2015 年全国 A 级景区分类型购票游客人均门票负担情况

（二）门票福利

从景区类型来看，自然景观和历史文化类景区贡献的门票福利相对较高，分别为 168.00 亿元和 110.75 亿元；然后是度假休闲和主题游乐类景区，分别为 76.12 亿元和 40.59 亿元；科技教育和工业旅游类景区门票福利相对较低，分别为 4.57 亿元和 3.56 亿元。

2015 年，除主题游乐、乡村旅游、科技教育和工业旅游四类景区门票福利下降外，其他类型景区均呈增长态势，其中以历史文化和博物馆类景区门票福利增长最快，分别较 2014 年增加 100.87 亿元和 15.01 亿元，分别增长 1020.95%和 962.44%。科技教育类景区下降最快，较 2014 年减少 27.56 亿元，下降 85.79%（表 1-8）。

表 1-8　2014～2015 年全国 A 级景区分类型门票福利统计表

项目	2014 年	2015 年		
	门票福利/亿元	门票福利/亿元	增量/亿元	增长率/%
自然景观	99.98	168.00	68.02	68.03
主题游乐	181.43	40.59	−140.84	−77.63

续表

项目	2014 年	2015 年		
	门票福利/亿元	门票福利/亿元	增量/亿元	增长率/%
乡村旅游	27.01	22.60	−4.41	−16.33
历史文化	9.88	110.75	100.87	1020.95
科技教育	32.13	4.57	−27.56	−85.78
红色旅游	6.57	11.13	4.56	69.41
工业旅游	9.62	3.56	−6.06	−62.99
度假休闲	45.04	76.12	31.08	69.01
博物馆	1.56	16.57	15.01	962.18
其他	20.62	33.32	12.70	61.59

三、居民门票可承受力

从景区类型来看，主题游乐、自然景观和度假休闲三类景区平均门票价格占全国居民人均月收入消费比重高于全国平均水平，其中主题游乐类景区平均票价所占比重最高，分别占城镇、农村及全国居民人均月收入的2.65%、7.25%和3.77%，分别占该三类居民人均月消费支出的3.87%、8.98%和5.27%。红色旅游类景区平均票价所占比重最低，分别占该三类居民人均月收入的0.31%、0.84%和0.44%，分别占该三类居民人均月消费支出的0.45%、1.04%和0.61%（表1-9）。

表 1-9 2015 年全国 A 级景区分类型平均票价占居民人均月收入及月消费支出比重

（单位：%）

项目	占居民人均月收入比重			占居民人均月消费支出比重		
	城镇	农村	全国	城镇	农村	全国
自然景观	1.54	4.20	2.19	2.24	5.20	3.05
主题游乐	2.65	7.25	3.77	3.87	8.98	5.27
乡村旅游	0.69	1.89	0.98	1.01	2.34	1.37

续表

项目	占居民人均月收入比重			占居民人均月消费支出比重		
	城镇	农村	全国	城镇	农村	全国
历史文化	1.04	2.84	1.48	1.51	3.51	2.06
科技教育	1.08	2.94	1.53	1.57	3.64	2.14
红色旅游	0.31	0.84	0.44	0.45	1.04	0.61
工业旅游	0.58	1.58	0.82	0.84	1.95	1.15
度假休闲	1.38	3.78	1.97	2.02	4.68	2.75
博物馆	0.54	1.47	0.76	0.79	1.82	1.07
其他	0.85	2.31	1.20	1.23	2.86	1.68
全国平均	1.19	3.26	1.66	1.74	4.03	2.37

第四节　分体制A级景区门票价格

一、全年及淡旺季平均票价

从景区经营体制来看，2015年，全国A级景区以企业为经营主体的景区数量最多，共5449家，占全国A级景区总数的68.53%；其次是事业单位为经营主体的景区，共2302家，占比为28.95%；行政单位为经营主体的景区相对较少，为1978家，占比为24.88%，部队为经营主体的景区仅有3家，占比为0.04%。

各经营体制A级景区全年平均门票价格以企业为经营主体的景区最高，为35元，其次是部队为经营主体的景区，为30元，行政单位和事业单位为经营主体的景区相对较低，分别为25元和20元。淡旺季平均门票价格同样也以企业为经营主体的景区最高，分别为33元和37元，其次是部队为经营主体的景区，淡旺季平均门票价格均为30元，行政单位为经营主体的景区相对较低，分别为 23 元和 26 元，事业单位为经营主体的景区淡旺季平均门票价格最低，分别为 19 元和 21 元（图 1-7）。

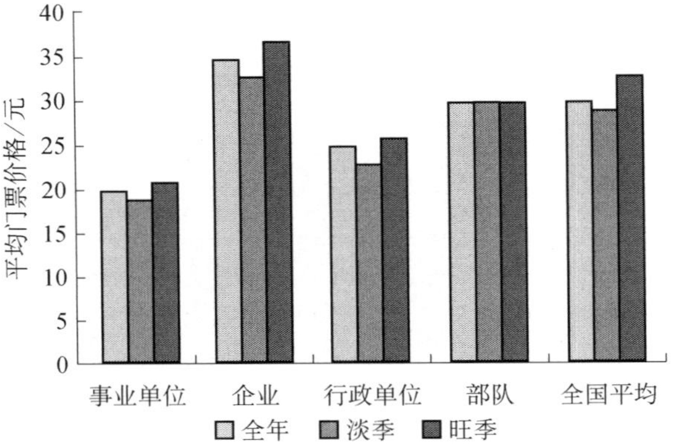

图 1-7　2015 全国 A 级旅游景区分体制平均门票价格

二、门票负担及门票福利

（一）门票负担

从景区经营体制来看，企业性质景区所有游客和购票游客人均门票负担最大，分别为 24.47 元和 40.72 元；此外，事业单位性质景区所有游客人均门票负担最小，部队性质景区购票游客人均门票负担最小，分别为 16.13 元和 25.83 元。

2015 年，所有游客人均门票负担除事业单位性质景区增长外，企业、行政单位及部队性质景区均呈下降态势，其中部队性质景区下降最快，较 2014 年下降 33.29%，事业单位性质景区所有游客人均门票负担较 2014 年增长 1.38%。购票游客人均门票负担除事业单位、行政单位性质景区增长外，企业和部队性质景区均呈下降态势，其中事业单位性质景区较 2014 年增速最快，增长 14.00%，部队性质景区较上年降速最快，下降 30.99%（表 1-10、图 1-8、图 1-9）。

表 1-10　2014～2015 年全国 A 级景区分体制人均门票负担统计表

项目	2014 年		2015 年					
	所有游客/元	购票游客/元	所有游客/元	增量/元	增长率/%	购票游客/元	增量/元	增长率/%
事业单位	15.91	29.22	16.13	0.22	1.38	33.31	4.09	14.00
企业	28.86	41.97	24.47	−4.39	−15.21	40.72	−1.25	−2.98
行政单位	23.76	33.50	21.36	−2.40	−10.10	37.18	3.68	10.99
部队	24.36	37.43	16.25	−8.11	−33.29	25.83	−11.60	−30.99
全国平均	23.70	37.30	21.21	−2.49	−10.51	38.12	0.82	2.20

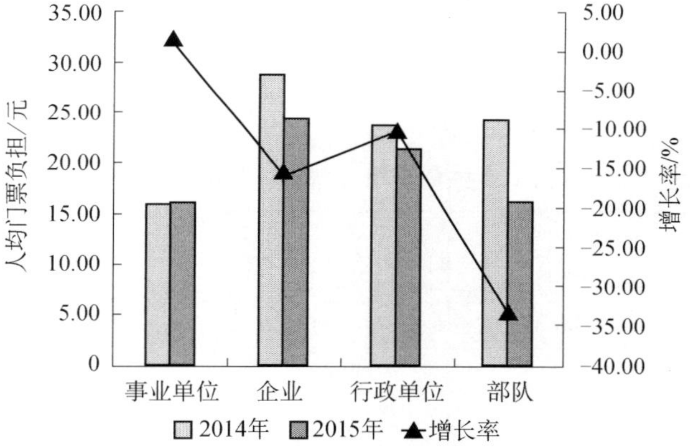

图 1-8　2014～2015 年全国 A 级景区分体制所有游客人均门票负担情况

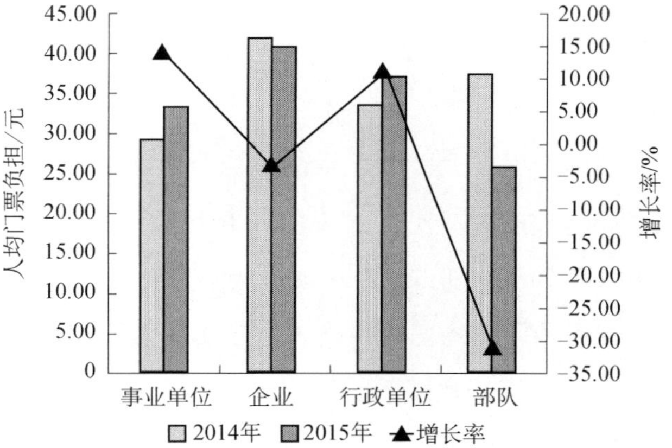

图 1-9　2014～2015 年全国 A 级景区分体制购票游客人均门票负担情况

（二）门票福利

从景区经营体制来看，企业性质景区贡献门票福利最高，高达301.20亿元，其次为事业单位和行政单位性质景区，分别为143.43亿元和26.02亿元，部队性质景区门票福利最少，为0.15亿元。

2015年，各经营体制景区门票福利均呈增长态势，其中以行政单位景区门票福利增长最快，较2014年增加9.76亿元，增长60.02%；其次是企业和事业单位性质景区，分别较上年增加100.56亿元和35.59亿元，分别增长50.12%和33.00%；部队性质景区增速最慢，较上年增加0.03亿元，增长25.00%（表1-11）。

表1-11　2014～2015年全国A级景区分体制门票福利统计表

景区体制	2014年	2015年		
	门票福利/亿元	门票福利/亿元	增量/亿元	增长率/%
事业单位	107.84	143.43	35.59	33.00
企业	200.64	301.20	100.56	50.12
行政单位	16.26	26.02	9.76	60.02
部队	0.12	0.15	0.03	25.00

三、居民门票可承受力

从景区经营体制来看，企业性质景区平均门票价格占全国居民人均月收入比重高于全国平均水平，分别占城镇、农村及全国居民人均月收入的1.35%、3.68%和1.91%，分别占该三类居民人均月消费支出的1.96%、4.55%和2.67%。部队性质景区平均门票价格占全国居民人均月收入比重与全国平均水平持平。事业单位性质景区平均票价所占比重最低，分别占该三类居民人均月收入的0.77%、2.10%和1.09%，分别占该三类居民人均月消费支出的1.12%、2.60%和1.53%（表1-12）。

表 1-12 2015 年全国 A 级景区分体制平均票价占居民人均月收入及月消费支出比重

（单位：%）

项目	占居民人均月收入比重			占居民人均月消费支出比重		
	城镇	农村	全国	城镇	农村	全国
事业单位	0.77	2.10	1.09	1.12	2.60	1.53
企业	1.35	3.68	1.91	1.96	4.55	2.67
行政单位	0.96	2.63	1.37	1.40	3.25	1.91
部队	1.15	3.15	1.64	1.68	3.90	2.29
全国平均	1.19	3.26	1.66	1.74	4.03	2.37

四、分地域门票价格情况

（一）分区

从分区情况来看（表 1-13、图 1-10），中南地区 A 级景区全年平均门票价格最高，为 44 元，高于全国平均水平 41.94 个百分点；其次是西南地区，为 31 元，与全国平均水平相一致；华北、华东和东北三个地区 A 级景区全年平均门票价格相对较低，分别为 29 元、29 元和 24 元；西北地区 A 级景区平均门票价格最低，为 21 元，低于全国平均水平 32.26 个百分点。

表 1-13 2015 年全国 A 级旅游景区平均门票价格分区统计表 （单位：元）

项目	全年	淡季	旺季
华北	30	27	33
东北	24	22	26
华东	29	28	31
中南	44	42	46
西南	31	29	33
西北	21	19	24
全国平均	31	29	33

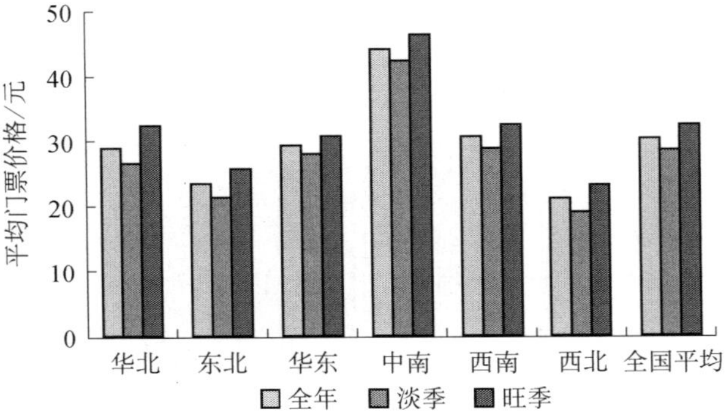

图 1-10　2015 年全国 A 级旅游景区平均门票价格分区统计

中南地区 A 级景区淡季平均门票价格同样最高，为 42 元，高于全国淡季平均水平 44.83 个百分点；西南地区和淡季全国平均水平持平，均为 29 元；华东、华北和东北三个地区淡季平均门票价格相对较低，分别为 28 元、27 元和 22 元；西北地区 A 级景区淡季平均门票价格最低，为 19 元，低于全国淡季平均水平 34.48 个百分点。

中南地区 A 级景区旺季平均门票价格也最高，为 46 元，高于全国旺季平均水平 39.39 个百分点；华北和西南两个地区与全国旺季平均水平持平，均为 33 元；华东和东北地区 A 级景区旺季平均门票价格相对较低，分别为 31 元和 26 元；西北地区 A 级景区旺季平均门票价格最低，为 24 元，低于全国旺季平均水平 27.27 个百分点。

（二）分省（自治区、直辖市、生产建设兵团）

从分省（自治区、直辖市、生产建设兵团）情况来看，2015 年西藏自治区、海南省和山西省等 18 个省（自治区、直辖市）A 级景区全年平均门票价格高于全国平均水平，其中以西藏自治区 A 级景区全年平均门票价格最高，高达 68 元，高于全国平均水平 119.35 个百分点，其次是海南省、山西省和广西壮族自治区，分别为 55 元、51 元和 51 元，分别高于全国平均水平 77.42、64.52 和 64.52 个百分点；北京市 A 级景区全年平均门票价格低于全国平均水平 3.23 个百分点；甘肃省和新疆生产建设兵团 A 级景区平均门票价格相对较低，分别为 16 元和 10 元，分别低于全国平均水平 48.39 和 67.74 个百分点（表 1-14）。

表 1-14　2015 年全国 A 级旅游景区平均门票价格分地区统计表（单位：元）

项目	全年平均票价	淡季平均票价	旺季平均票价
北京市	30	28	32
天津市	31	29	32
河北省	31	29	38
山西省	51	49	55
内蒙古自治区	17	15	19
辽宁省	31	28	34
吉林省	25	24	27
黑龙江省	18	16	20
上海市	37	35	39
江苏省	19	18	20
浙江省	42	41	43
安徽省	26	25	28
福建省	37	35	39
江西省	40	39	41
山东省	27	25	29
河南省	36	34	38
湖北省	43	41	45
湖南省	43	42	45
广东省	45	44	47
广西壮族自治区	51	49	54
海南省	55	50	59
重庆市	25	23	28
四川省	24	23	26
贵州省	42	39	45
云南省	39	38	40
西藏自治区	68	68	68
陕西省	29	26	33
甘肃省	16	15	17
青海省	17	15	18
宁夏回族自治区	34	31	38
新疆维吾尔自治区	17	16	19
新疆生产建设兵团	10	8	11
全国平均	31	29	33

西藏自治区、海南省和山西省等 15 个 A 级景区淡季平均门票价格高于全国淡季平均水平，其中西藏自治区 A 级景区淡季平均价格最高，为 68 元，高于全国淡季平均水平 134.48 个百分点；天津市和河北省 A 级景区淡季门票价格与全国淡季平均水平持平，均为 29 元；甘肃省和新疆生产建设兵团 A 级景区淡季平均门票价格相对较低，分别为 15 元和 8 元，分别低于全国淡季平均水平 48.28 和 72.41 个百分点。

西藏自治区、海南省和山西省等 17 个 A 级景区旺季平均门票价格高于全国旺季平均水平，其中西藏自治区 A 级景区旺季平均价格最高，为 68 元，高于全国旺季平均水平 106.06 个百分点；陕西省 A 级景区旺季平均门票价格与全国旺季平均水平持平，均为 33 元；甘肃省和西藏生产建设兵团 A 级景区旺季平均门票价格相对较低，分别为 17 元和 11 元，分别低于全国旺季平均水平 48.49 和 66.67 个百分点。

第二章

华北片区A级景区门票价格情况

我国华北片区主要包括北京市、天津市、河北省、山西省和内蒙古自治区。华北片区旅游资源丰富，旅游景区数量较多，截至 2015 年有A 级景区 1024 家，其中，5A 级景区 23 家，拥有故宫、八达岭长城、明十三陵、颐和园、云冈石窟、元上都遗址等世界级旅游资源。该片区 A 级景区全年平均门票价格为 30 元，其中山西省最高，为 51 元，高于全区 A 级景区平均票价 70.00 个百分点；内蒙古自治区 A 级景区全年平均门票价格最低，为 17 元，低于全区平均票价 43.33 个百分点。

第一节 北 京 市

北京市是我国的首都，是全国的政治中心、文化中心、国际交往中心、科技创新中心，其位于华北平原与太行山脉、燕山山脉的交接地带，与天津市相邻，并共同被河北省环绕。北京市历史悠久，文化灿烂，是首批国家历史文化名城、中国四大古都之一和世界上拥有世界文化遗产数最多的城市之一，拥有故宫、天坛、八达岭长城、周口店北京人遗址、明十三陵、颐和园等世界级文化遗产。

2015 年，北京市共有 A 级旅游景区 193 家，其中 5A 级景区 7 家，免门票和收门票景区分别为 46 家和 147 家，分别占全市 A 级景区总数的 23.83%和 76.17%。景区旅游总收入达 50.56 亿元，其中门票收入为 22.70 亿元，占景区旅游总收入的 44.90%。游客接待量共计 1.67 亿人次，其中政策性免票游客和购票游客分别为 0.64 亿人次和 1.03 亿人次，分别占全市 A 级景区游客接待总量的 38.32%和 61.68%。

2015 年，北京市 A 级景区积极响应中国旅游景区协会发起的“5A、4A 级景区带头不上涨门票价格”倡议，33 家 4A 级景区承诺不涨价，包括孔庙、明城墙遗址公园、圆明园遗址公园等。此外，国庆期间北京市旅游、物价等相关部门加大对景区门票和消费的监管，加大对景区乱涨价和消费欺诈现象的依法处罚力度。国庆期间北京各景区门票均未上涨，且同等级景区门票价格在全国范围内最低。

一、总体价格情况

2015 年，北京市共有 147 家 A 级景区收门票，其中 28 家景区实行淡旺季票价。全市 A 级景区全年平均门票价格为 30 元，较 2014 年略有上涨，增幅为 7.14%，但与全国 A 级景区平均门票价格相比仍低 3.23 个百分点。全市 A 级景区淡旺季平均门票价格分别为 28 元和 32 元（表 2-1）。

景区游客负担及门票福利：2015 年北京市 A 级景区所有游客人均门票负担和购票游客人均门票负担分别为 13.63 元和 22.07 元，其中所有游客人均门票负担较 2014 年减少 0.21 元，下降 1.52%，购票游客人均门票负担较 2014 年增加 5.28 元，上涨 31.45%，分别低于全国平均水平 35.74%和

42.10%。此外，2015 年北京市 A 级景区门票福利共计 21.00 亿元，占全国景区门票福利总额的 4.04%，较 2014 年增长 13.71 亿元，增长 188.07%（表 2-2）。

表 2-1　2014～2015 年北京市 A 级景区全年及淡旺季平均门票价格总体情况

全年平均门票价格			淡季平均门票价格	旺季平均门票价格
2014 年	2015 年	增长率		
28 元	30 元	7.14%	28 元	32 元

表 2-2　2014～2015 年北京市 A 级景区分等级人均门票负担及门票福利统计

项目	2014 年	2015 年	增量	增长率/%
所有游客人均门票负担/元	13.84	13.63	−0.21	−1.52
购票游客人均门票负担/元	16.79	22.07	5.28	31.45
门票福利/亿元	7.29	21.00	13.71	188.07

景区平均门票价格占居民人均月收入和月消费支出比重（表 2-3）：2015 年北京市城镇、农村居民及全市人均月收入分别为 4405 元、1714 元和 4038 元，北京市城镇、农村居民及全市人均月消费支出为 3024 元、1318 元和 2817 元。A 级景区平均门票价格分别占城镇、农村及全市居民人均月收入的 0.68%、1.75%和 0.74%，分别占城镇、农村及全市居民人均月消费支出的 0.99%、2.28%和 1.06%。与上年相比，平均门票价格占城镇居民人均月收入和消费支出的比重相对下降，平均门票价格占农村居民人均月收入的比重呈上升态势。

表 2-3　2014～2015 年北京市 A 级景区平均门票价格占居民人均月收入和月消费支出比重

（单位：%）

年份	居民人均月收入			居民人均月消费支出		
	城镇	农村	全市	城镇	农村	全市
2014	0.77	1.66	—	1.2	2.31	—
2015	0.68	1.75	0.74	0.99	2.28	1.06

二、分等级 A 级景区门票价格

从景区等级结构来看，2015 年北京市 2A 级、3A 级和 4A 级景区相对较多，分别为 35 家、88 家和 58 家，分别占全市 A 级景区总数的 18.13%、45.60%和 30.05%；1A 级和 5A 级景区相对较少，分别为 5 家和 7 家，分别占全市 A 级景区总数的 2.59%和 3.63%。

各 A 级景区平均门票价格以 5A 级景区最高，为 51 元，其次是 4A 级、3A 级和 2A 级景区，分别为 41 元、26 元和 20 元，1A 级景区门票价格最低，为 13 元。淡旺季平均门票价格同样也以 5A 级景区最高，淡旺季价格分别为 46 元和 56 元，其次是 4A 级景区，淡旺季价格分别为 38 元和 44 元，1A 级景区淡旺季平均门票价格最低，分别为 11 元和 14 元（图 2-1）。

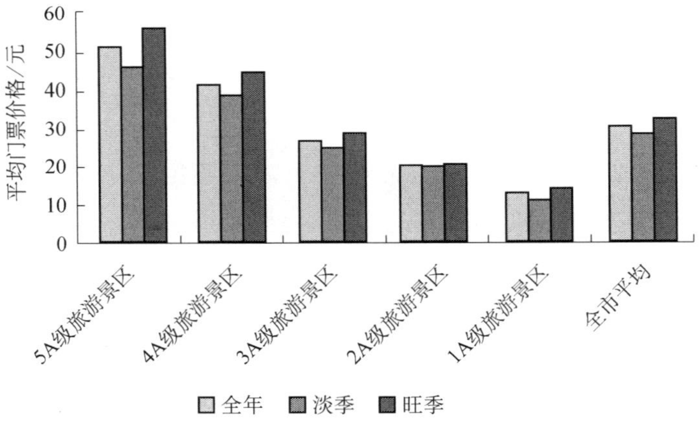

图 2-1 2015 年北京市 A 级景区分等级平均门票价格

三、分类型 A 级景区门票价格

从景区类型来看，2015 年北京市 A 级景区以自然景观类景区数量最多，共 69 家，占全市 A 级景区总数的 35.75%；其次是历史文化和博物馆类景区，分别为 37 家和 20 家，占比分别为 19.17 %和 10.36%；度假休闲和主题游乐类景区分别为 17 家和 14 家，占比分别为 8.81%和 7.25%，乡村旅游、红色旅游、工业旅游和科技教育类景区相对较少，分别为 5 家、4 家、3 家和 1 家，占比分别为 2.59%、2.07%、1.55%和 0.52%。其他类型景区共计 23 家，占比为 11.92%。

全年平均门票价格以科技教育类景区最高，为 84 元，其次是主题游乐类景区，为 52 元，红色旅游类景区平均门票价格最低，为 13 元。此外，淡季平均门票价格中科技教育类景区最高，为 68 元，其次是主题游乐类景区，为 49 元。旺季平均门票价格同样是科技教育类景区最高，为 100 元，其次是主题游乐类景区，为 55 元，红色旅游类景区淡旺季价格一致且最低，为 13 元（图 2-2）。

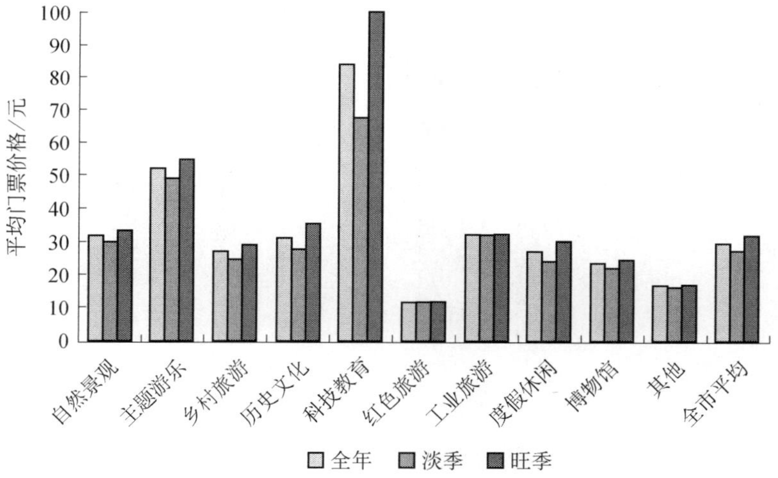

图 2-2　2015 年北京市 A 级景区分类型平均门票价格

四、分体制 A 级景区门票价格

从景区经营体制来看，2015 年北京市 A 级景区以企业为经营主体的景区数量最多，共 134 家，占全市 A 级景区总数的 69.43%；其次是以事业单位为经营主体的景区，共 54 家，占比为 27.98%；以行政单位为经营主体的景区较少，共 4 家，占比为 2.07%；以部队为经营主体的景区最少，仅 1 家，占比为 0.52%。

全年平均门票价格以部队为经营主体的景区最高，为 40 元；其次是以企业和事业单位为经营主体的景区，分别为 35 元和 20 元；以行政单位为经营主体的景区平均门票价格最低，仅为 8 元。淡旺季平均门票价格同样也是以部队为经营主体的景区最高，为 40 元；以行政单位为经营主体的景区最低，为 8 元。除此以外，淡季平均门票价格以企业为经营主体的景区最高，为 33 元；以事业单位为经营主体的景区淡季平均门票价格为 19 元。旺季平均门票价格除以部队为经营主体的景区最高和以行政单位为经营主体的景区最低外，最高的是以企业为经营主体的景区，为 38 元；最低的是以事业单位为经营主体的景区，为 21 元（图 2-3）。

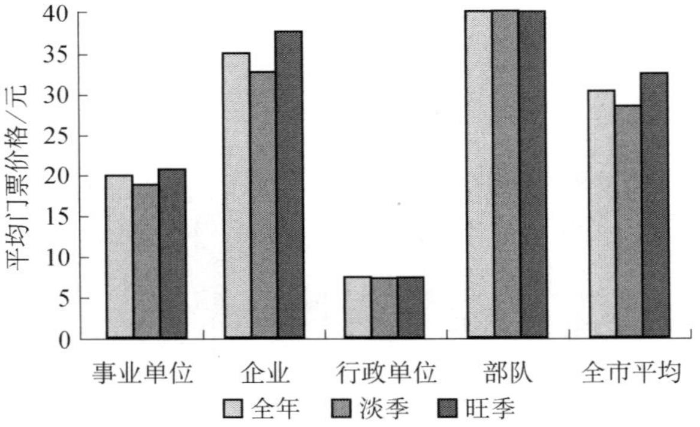

图 2-3　2015 年北京市 A 级旅游景区分体制平均门票价格

第二节　天　津　市

天津市位于华北平原海河五大支流汇流处，东临渤海，北依燕山，海河在城中蜿蜒而过，是天津市的母亲河。天津市是北京市通往东北、华东地区的铁路交通咽喉和远洋航运港口，有“河海要冲”和“畿辅门户”之称。2015年，天津市共有A级旅游景区102家，其中5A级景区2家，免门票和收门票景区分别为42家和60家，分别占全市A级景区总数的41.18%和58.82%。景区旅游总收入达16.74亿元，其中门票收入为6.09亿元，占景区旅游总收入的36.38%。游客接待量共计0.45亿人次，其中政策性免票游客和购票游客分别为1580.91万人次和2938.25万人次，分别占全市A级景区游客接待总量的34.98%和65.02%。

2015年，天津市积极响应国家旅游局为期三年的“全国旅游价格信得过景区”创建活动，全市55家A级景区上榜，承诺三年内景区门票价格不上涨。55家天津旅游景区中，既包括古文化街、盘山等5A景区，也包括热带植物观光园、杨柳青博物馆、五大道、杨柳青庄园等众多4A景区、3A景区和2A景区。此外，天津市还推出“旅游赶大集”活动，滨海航母、欢乐谷、黄崖关、瓷房子等20余家A级景区联合推出低至5折的门票优惠，极地海洋世界等景区还将提供免费年卡、套票、门票等优惠大礼包。

一、总体价格情况

2015年，天津市共有60家A级景区收门票，其中10家景区实行淡旺季票价。全市A级景区全年平均门票价格为31元，与2014年保持一致，也与全国A级景区平均门票价格保持一致。全市A级景区淡旺季平均门票价格分别为29元和32元（表2-4）。

景区游客人均门票负担及门票福利：2015年天津市A级景区所有游客人均门票负担和购票游客人均门票负担分别为27.56元和13.47元，其中所有游客人均门票负担较2014年减少14.09元，下降51.12%，购票游客人均门票负担较2014年减少22.65元，下降52.23%，分别低于全国平均水平36.49

个和 45.65 个百分点。此外，2015 年，天津市 A 级景区门票福利共计 4.90 亿元，占全国景区门票福利总额的 0.94%，较 2014 年增加 1.83 亿元，增长 59.61%（表 2-5）。

表 2-4 2014～2015 年天津市 A 级景区全年及淡旺季平均门票价格总体情况

全年平均门票价格			淡季平均门票价格	旺季平均门票价格
2014年	2015年	增长率		
31 元	31 元	0	29 元	32 元

表 2-5 2014～2015 年天津市 A 级景区分等级人均门票负担及门票福利统计

项目	2014 年	2015 年	增量	增长率/%
所有游客人均门票负担/元	27.56	13.47	−14.09	−51.12
购票游客人均门票负担/元	43.37	20.72	−22.65	−52.23
门票福利/亿元	3.07	4.90	1.83	59.61

景区平均门票价格占居民人均月收入和月消费支出比重（表 2-6）：2015 年天津市城镇、农村居民人均月收入分别为 2842 元、1540 元，天津市城镇、农村居民人均月消费支出分别为 2186 元和 1228 元。A 级景区平均门票价格分别占城镇、农村居民人均月收入的 1.09%、2.01%，分别占城镇、农村居民人均月消费支出的 1.42%和 2.52%。与 2014 年相比，平均门票价格占城镇居民人均月收入比重下降 7.63%，平均门票价格占农村居民人均月收入比重下降 8.22%。

表 2-6 2014～2015 年天津市 A 级景区平均门票价格占居民人均月收入和月消费支出比重

（单位：%）

年份	占居民人均月收入比重			占居民人均月消费支出比重		
	城镇	农村	全市	城镇	农村	全市
2014	1.18	2.19	—	—	—	—
2015	1.09	2.01	—	1.42	2.52	—

二、分等级 A 级景区门票价格

从景区等级结构来看，2015 年天津市 3A 级和 4A 级景区数量相对较多，分别为 48 家和 31 家，分别占全市 A 级景区总数的 47.06%和 30.39%；5A 级和 2A 级景区相对较少，分别为 2 家和 21 家，分别占全市 A 级景区总数的 1.96%和 20.59%。

4A 级景区全年平均门票价格最高，为 62 元；其次是 5A 级景区，为 32 元；3A 级和 2A 级景区相对较低，分别为 16 元和 18 元。淡旺季平均门票价格同样也以 4A 级景区最高，分别为 60 元和 64 元；其次是 5A 级景区，分别为 25 元和 39 元（图 2-4）。

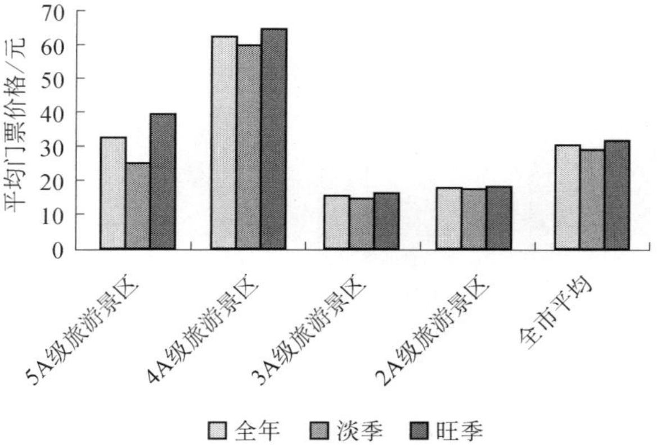

图 2-4　2015 年天津市 A 级景区分等级平均门票价格

三、分类型 A 级景区门票价格

从景区类型来看，2015 年天津市 A 级景区以历史文化类景区数量最多，共 22 家，占全市 A 级景区总数的 21.57%；其次是度假休闲和博物馆类景区，均为 20 家，占比为 19.61%；红色旅游、工业旅游和科技教育类景区相对较少，分别为 4 家、4 家和 1 家，占比分别为 3.92%、3.92%和 0.98%。其他类型景区共计 31 家，占比为 30.39%。

各类型 A 级景区除工业旅游类景区免门票外，其他类型景区均收门票。其中全年平均门票价格以科技教育类景区最高，高达 220 元；其次是主题游乐类景区，为 129 元；乡村旅游、博物馆和红色旅游类景区全年平均门票价格相对较低，分别为 23 元、16 元和 5 元。此外，淡季平均门票价格同样以科技教育类景区最高，为 220 元；其次是主题游乐类景区，为 129 元。旺季平均门票价格同样以科技教育类景区最高，为 220 元；其次是主题游乐类景区，为 129 元（图 2-5）。

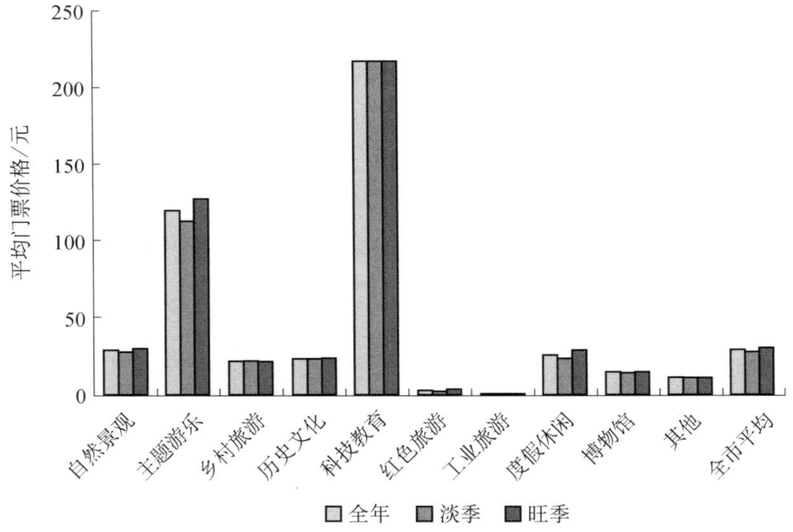

图 2-5　2015 年天津市 A 级景区分类型平均门票价格

四、分体制 A 级景区门票价格

从景区经营体制来看，2015 年天津市 A 级景区以企业为经营主体的景区数量最多，共 65 家，占全市 A 级景区总数的 63.73%；其次是以事业单位为经营主体的景区，共 33 家，占比为 32.35%；以行政单位为经营主体的景区最少，仅 4 家，占比为 3.92%。

全年平均门票价格以企业为经营主体的景区最高，为 40 元；其次是以事业单位为经营主体的景区，为 15 元；以行政单位为经营主体的景区平均门票价格最低，为 14 元。淡季平均门票价格同样也以企业为经营主体的景区最高，为 38 元；其次是以事业单位为经营主体的景区，为 14 元。旺季平均门票价格也是以企业为经营主体的景区最高，为 41 元；其次是以事业单位和行政单位为经营主体的景区，均为 15 元（图 2-6）。

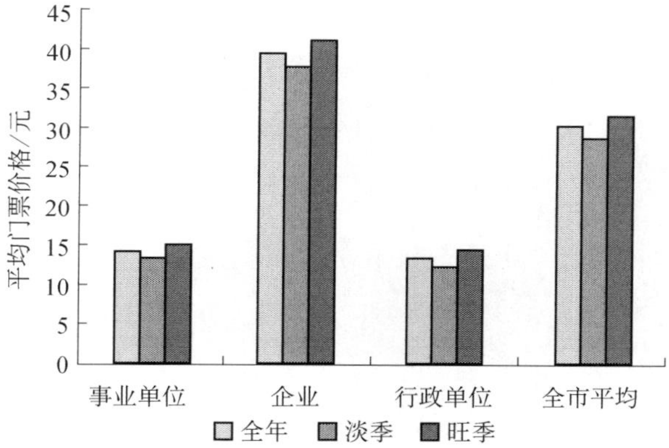

图 2-6　2015 年天津市 A 级旅游景区分体制平均门票价格

第三节　河　北　省

河北省古属冀州，属中原地区，东临渤海、内环京津，西为太行山，北为燕山，拥有长城、避暑山庄，以及寺庙群、清东陵和清西陵、京杭大运河北段等世界文化遗产。2015 年，河北省共有 A 级旅游景区 329 家，其中 5A 级景区 6 家，免门票和收门票景区分别为 112 家和 217 家，分别占全省 A 级景区总数的 34.04%和 65.96%。景区旅游总收入达 84.18 亿元，其中门票收入为 19.50 亿元，占景区旅游总收入的 23.16%。游客接待量共计 0.98 亿人次，其中政策性免票游客和购票游客分别为3964.26万人次和5791.58万人次，分别占全省A级景区游客接待总量的40.63%和59.37%。

2015年，河北省A级景区积极响应中国旅游景区协会的倡议，纷纷做出了今后三年不涨价的承诺。主要包括5A级景区石家庄西柏坡、秦皇岛山海关、保定野三坡和安新白洋淀，4A级景区石家庄驼梁、沕沕水、嶂石岩，承德兴隆溶洞，秦皇岛长寿山，唐山清东陵，张家口鸡鸣山，保定满城汉墓、冉庄地道战遗址，邢台天河山，邯郸娲皇宫等。

然而仍有部门景区出现景区门票价格上涨现象，如承德避暑山庄门票价格于2015年8月15日上涨，旅游旺季（4月1日至10月31日）门票价格调整为145元/人次，上涨20元，淡季（11月1日至3月31日）门票价格维持90元/人次不变；石家庄抱犊寨景区门票由旺季50元/人次、淡季30元/人次，调整为旺季65元/人次、淡季40元/人次；石家庄五岳寨景区门票价格由旺季50元/人次、淡季30元/人次，调整为旺季70元/人次、淡季50元/人次。

一、总体价格情况

2015年，河北省共有217家A级景区收门票，其中67家景区实行淡旺季票价。全省A级景区全年平均门票价格为31元，较2014年略有下降，降幅为3.13%，这也与全国A级景区平均门票价格相一致。淡旺季平均门票价格分别为29元和38元（表2-7）。

表2-7 2014～2015年河北省A级景区全年及淡旺季平均门票价格总体情况

全年平均门票价格			淡季平均门票价格	旺季平均门票价格
2014年	2015年	增长率		
32元	31元	-3.13%	29元	38元

景区游客人均门票负担及门票福利：从 A 级景区游客人均门票负担来看，2015 年河北省 A 级景区所有游客人均门票负担和购票游客人均门票负担分别为 19.98 元和 33.66 元，其中所有游客人均门票负担较 2014 年减少 4.84 元，下降 19.50%；购票游客人均门票负担较 2014 年减少 9.25 元，下降 21.54%，分别低于全国平均水平 5.80 个和 11.70 个百分点。此外，2015 年河北省 A 级景区门票福利共计 12.29 亿元，占全国景区门票福利总额的 2.37%，较 2014 年增加 2.18 亿元，增长 21.56%（表 2-8）。

表 2-8　2014～2015 年河北省 A 级景区分等级门票负担及门票福利统计

项目	2014 年	2015 年	增量	增长率/%
所有游客人均门票负担/元	24.82	19.98	−4.84	−19.50
购票游客人均门票负担/元	42.91	33.66	−9.25	−21.56
门票福利/亿元	10.11	12.29	2.18	21.56

景区平均门票价格占居民人均月收入和月消费支出比重（表 2-9）：2015 年河北省城镇、农村居民人均月收入分别为 2179 元和 921 元，河北省城镇、农村居民人均月消费支出为 1466 元和 752 元。A 级景区平均门票价格分别占城镇、农村居民人均月收入的 1.42%和 3.37%，分别占城镇、农村居民人均月消费支出的 2.11%和 4.12%。与 2014 年相比，平均门票价格占农村居民人均月消费支出的比重降速最快，为 8.65%，平均门票价格占全省居民人均月收入的比重降速最慢，为 7.67%。

表 2-9　2014～2015 年河北省 A 级景区平均门票价格占居民人均月收入和月消费支出的比重

（单位：%）

年份	占居民人均月收入比重			占居民人均月消费支出比重		
	城镇	农村	全省	城镇	农村	全省
2014	1.54	3.65	2.23	2.30	4.51	3.12
2015	1.42	3.37	—	2.12	4.12	—

二、分等级 A 级景区门票价格

从景区数量等级结构来看，2015 年河北省 2A 级和 4A 级景区数量相对较多，分别为 128 家和 119 家，分别占全省 A 级景区总数的 38.91%和 36.17%；其次是 3A 级景区，为 75 家，占比为 22.80%；1A 级和 5A 级景区相对最少，分别为 1 家和 6 家，占比分别为 0.30%和 1.82%。

从景区门票价格分等级情况来看，5A 级景区全年平均门票价格最高，为 117 元；其次是 4A 级景区，为 52 元；3A 级和 2A 级景区相对较低，分别为 25 元和 12 元。淡季平均门票价格同样也以 5A 级景区最高，为 105 元；其次是 4A 级、3A 级景区，分别为 48 元和 24 元；2A 级景区最低，为 11 元。旺季平均门票价格也以 5A 级景区最高，为 128 元；其次是 4A 级和 3A 级景区，分别为 67 元和 26 元（图 2-7）。

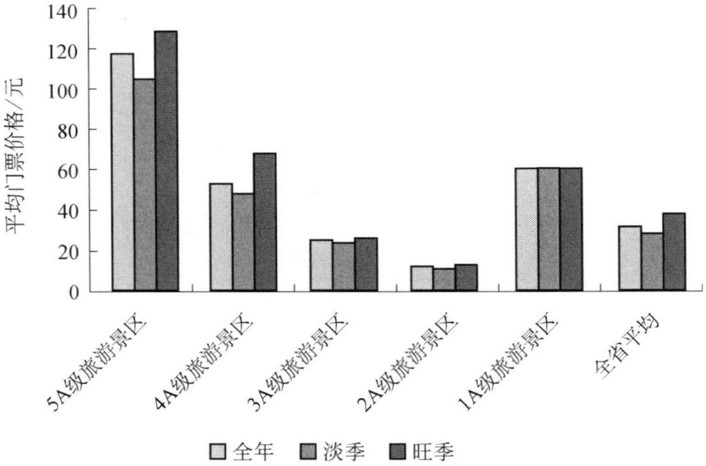

图 2-7　2015 年河北省 A 级景区分等级平均门票价格

三、分类型 A 级景区门票价格

从景区数量类型结构来看，2015 年河北省 A 级景区以自然景观类景区数量最多，共98家，占全省A 级景区总数的29.79%；其次是历史文化和度假休闲类景区，分别为72家和47家，占比分别为21.88%和14.29%；主题游乐、工业旅游和博物馆类景区相对较少，分别为8家、12家和16家，占比分别为2.43%、3.65%和4.86%；其他类型景区共计76家，占比为23.10%（图2-8）。

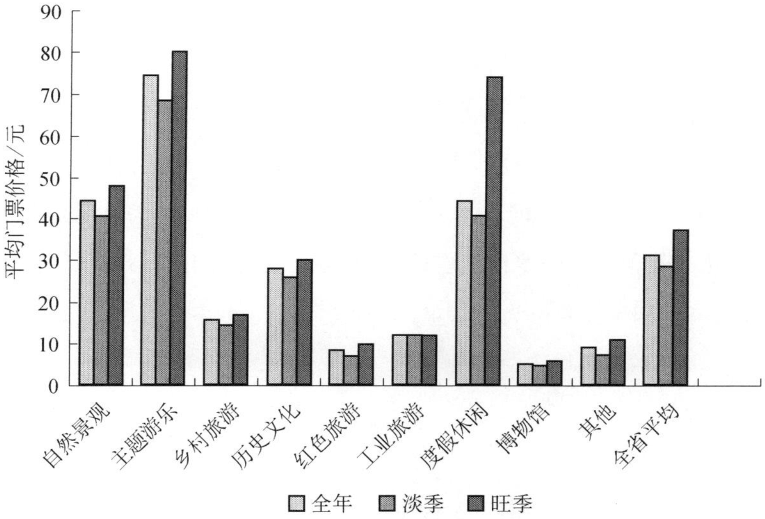

图2-8 2015年河北省A级景区分类型平均门票价格

从景区门票价格分等级情况来看，主题游乐类景区全年平均门票价格最高，为75元；其次是自然景观和度假休闲类景区，均为45元；博物馆、红色旅游和工业旅游类景区全年平均门票价格相对较低，分别为6元、9元和13元。此外，淡季平均门票价格仍以主题游乐类景区最高，为69元，其次是自然景观和度假休闲类景区，均为41元。旺季平均门票价格也以主题游乐类景区最高，为81元；其次是度假休闲和自然景观类景区，分别为75元和49元；博物馆、红色旅游类景区最低，分别为6元和11元。

四、分体制 A 级景区门票价格

从景区经营体制来看，2015 年河北省 A 级景区以企业为经营主体的景区数量最多，共 224 家，占全省 A 级景区总数的 68.09%；其次是以事业单位为经营主体的景区，共 102 家，占比为 31.00%；以行政单位为经营主体的景区最少，仅 3 家，占比为 0.91%。

从景区门票价格分体制情况来看，以企业为经营主体的景区全年平均门票价格最高，为 34 元；其次是以行政单位和事业单位为经营主体的景区，分别为 29 元和 27 元。淡季平均门票价格仍以企业为经营主体的景区最高，为 31 元；其次是以行政单位为经营主体的景区，为 28 元；以事业单位为经营主体的景区最低，为 24 元。旺季平均门票价格也以企业为经营主体的景区最高，为 42 元；其次是以行政单位和事业单位为经营主体的景区，分别为 30 元和 29 元（图 2-9）。

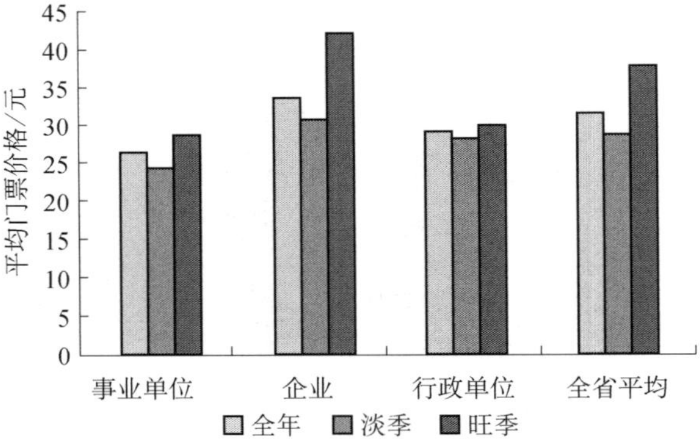

图 2-9　2015 年河北省 A 级旅游景区分体制平均门票价格

第四节　山　西　省

山西省，东依太行山，西、南依吕梁山、黄河，北依古长城，与河北省、河南省、陕西省、内蒙古自治区等省区为邻。山西有文字记载的历史达 3000 年，被誉为“华夏文明摇篮”，素有“中国古代文化博物馆”之称，境内保存完好的宋、金以前的地面古建筑物占全国的 70%以上，拥有云冈石窟、平遥古城和五台山等世界文化遗产。

2015 年，山西省共有 A 级旅游景区 106 家，其中 5A 级景区 6 家，免门票和收门票景区分别为 19 家和 87 家，分别占全省 A 级景区总数的 17.92%和 82.08%。景区旅游总收入达 96.88 亿元，其中门票收入为 15.38 亿元，占景区旅游总收入的 15.88%。游客接待量共计 0.47 亿人次，其中政策性免票游客和购票游客分别为 1722.63 万人次和 2956.54 万人次，分别占全省 A 级景区游客接待总量的 36.81%和 63.19%。

2015 年，山西省积极支持响应中国旅游景区协会“5A、4A 级景区带头不上涨门票价格”倡议。全省 89 家旅游景区签订“不上涨门票价格”承诺，其中 6 家是 5A 级景区，主要包括五台山、云冈石窟、绵山、皇城相府、乔家大院和平遥古城。

一、总体价格情况

2015 年，山西省共有 87 家 A 级景区收门票，其中 33 家景区实行淡旺季票价。全省 A 级景区全年平均门票价格为 50 元，与 2014 年保持一致，但与全国 A 级景区平均门票价格相比，仍高出 61.29 个百分点。全省 A 级景区淡旺季平均门票价格分别为 49 元和 55 元（表 2-10）。

表 2-10　2014～2015 年山西省 A 级景区全年及淡旺季平均门票价格总体情况

全年平均门票价格			淡季平均门票价格	旺季平均门票价格
2014年	2015年	增长率		
50 元	50 元	0	49 元	55 元

景区游客人均门票负担及门票福利：2015 年山西省 A 级景区所有游客人均门票负担和购票游客人均门票负担分别为 32.88 元和 52.03 元，其中所有游客人均门票负担较 2014 年增加 4.25 元，上涨 14.84%；购票游客人均门票负担较 2014 年增加 12.64 元，上涨 32.09%，分别高于全国平均水平 55.02%和 36.49%。此外，2015 年山西省 A 级景区门票福利共计 8.61 亿元，占全国景区门票福利总额的 1.66%，较 2014 年增长 3.10 亿元，增长 56.26%（表 2-11）。

表 2-11　2014～2015 年山西省 A 级景区分等级人均门票负担及门票福利统计

项目	2014 年	2015 年	增量	增长率/%
所有游客人均门票负担/元	28.63	32.88	4.25	14.84
购票游客人均门票负担/元	39.39	52.03	12.64	32.09
门票福利/亿元	5.51	8.61	3.10	56.26

景区平均门票价格占居民人均月收入和月消费支出比重：2015 年山西省城镇、农村及全省居民人均月收入分别为 2152 元、788 元和 1465 元，山西省城镇和农村居民人均月消费支出为 1318 元和 618 元。A 级景区平均门票价格分别占城镇、农村及全省居民人均月收入的 2.32%、6.35%和 3.41%，分别占城镇和农村居民人均月消费支出的 3.79%和 8.09%。与 2014 年相比，平均门票价格占城镇居民人均月消费支出的比重降速最快，下降了 7.56%；平均门票价格占农村居民人均月消费支出的比重降速最慢，为 5.71%（表 2-12）。

表 2-12　2014～2015 年山西省 A 级景区平均门票价格占居民人均月收入和月消费支出比重

（单位：%）

年份	占居民人均月收入比重			占居民人均月消费支出比重		
	城镇	农村	全省	城镇	农村	全省
2014	2.49	6.81	3.63	4.1	8.58	—
2015	2.32	6.35	3.41	3.79	8.09	—

二、分等级A级景区门票价格

从景区等级结构来看，2015年山西省4A级景区数量最多，为62家，占全省A级景区总数的58.49%；3A级和2A级景区数量一样，均为18家，均占全省A级景区总数的16.98%；5A级和1A级景区数量相对较少，分别为6家和2家，分别占全省A级景区总数的5.66%和1.89%。

5A级景区全年平均门票最高，为120元；其次是4A级景区，为59元；3A级、2A级和1A级景区平均门票价格相差不大，分别为30元、26元和27元。淡季平均门票价格同样也以5A级景区最高，为115元；其次是4A级景区，为56元；2A级景区最低，为25元；旺季门票价格以5A级景区最高，为125元；其次是4A级景区，为63元；2A级门票价格最低，为27元（图2-10）。

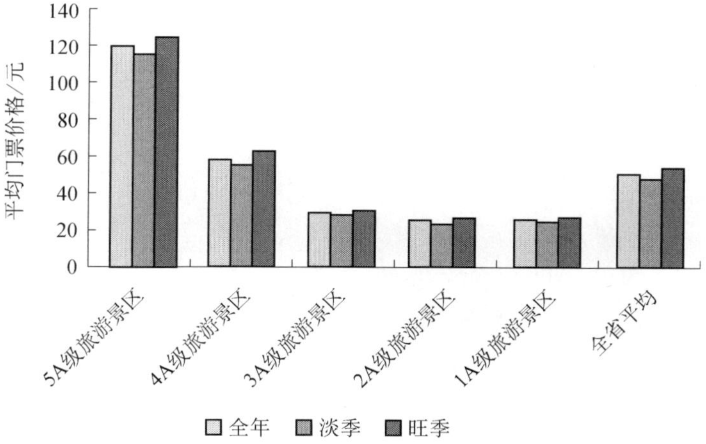

图2-10　2015年山西省A级景区分等级平均门票价格

三、分类型A级景区门票价格

从景区类型来看，2015年山西省A级景区以历史文化类景区数量最多，共39家，占全省A级景区总数的36.79%；其次是自然景观类景区，为34

家，占比为 32.08%；度假休闲类和博物馆类景区，分别为 9 家和 7 家，占比分别为 8.49%和 6.60%，工业旅游类和红色旅游类景区均为 5 家，占比均为 4.72%，主题游乐类景区最少，仅 1 家，占比为 0.94%，另外，山西省 A 级景区没有科技教育类景区。其他类型景区共计 6 家，占比为 5.66%。

全年平均门票价格以主题游乐类景区最高，为 198 元；其次是自然景观类和度假休闲类景区，分别为 62 元和 60 元；红色旅游类景区平均门票价格最低，为 22 元。淡季平均门票价格同样也是主题游乐类景区最高，为 198 元；其次是自然景观类景区、度假休闲类和博物馆类景区，分别为 61 元、56 元和 47 元；红色旅游类和工业旅游类景区价格最低，均为 20 元。旺季平均门票价格仍是主题游乐类景区最高，为 198 元；其次是自然景观类景区、度假休闲类和博物馆类景区，分别为 67 元、64 元和 50 元，红色旅游类景区旺季平均门票价格最低，为 24 元（图 2-11）。

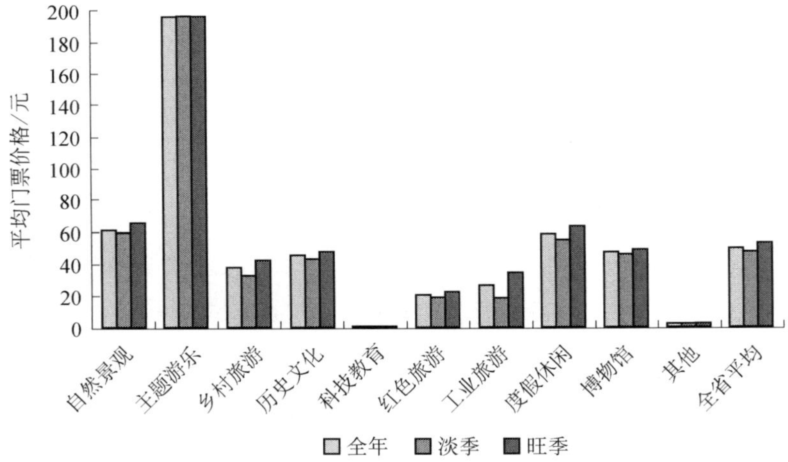

图 2-11　2015 年山西省 A 级景区分类型平均门票价格

四、分体制 A 级景区门票价格

从景区经营体制来看，2015 年山西省 A 级景区以企业为经营主体的景区数量最多，共73家，占全省A 级景区总数的68.87%；其次是以事业单位为经营主体的景区，共32家，占比为30.19%；以行政单位为经营主体的景区最少，仅1家，占比为0.94%。

全年平均门票价格以行政单位为经营主体的景区最高，为153元；其次是以企业为经营主体的景区，为53元；以事业单位为经营主体的景区平均门票价格最低，为44元。淡季平均门票价格同样也以行政单位为经营主体的景区最高，为140元；其次是以企业为经营主体的景区，为50元；以事业单位为经营主体的景区淡季平均门票价格最低，为43元。旺季平均门票价格以行政单位为经营主体的景区最高，为168元；其次是以企业为经营主体的景区，为57元；以事业单位为经营主体的景区最低，为45元（图2-12）。

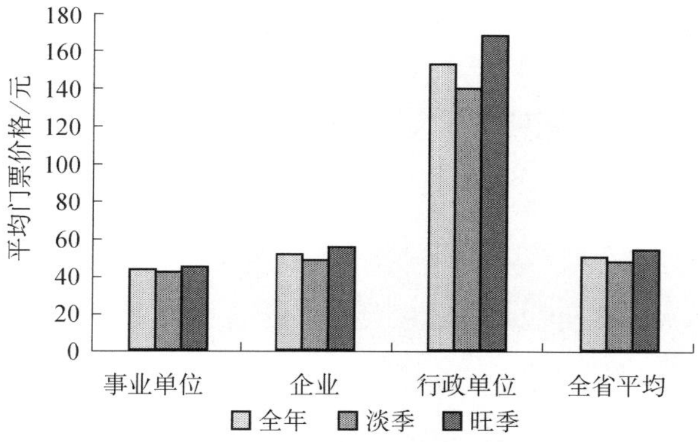

图2-12　2015年山西省A级旅游景区分体制平均门票价格

第五节　内蒙古自治区

内蒙古自治区，横跨东北、华北、西北地区，接邻八个省区，是中国邻省最多的省级行政区之一，北与蒙古国和俄罗斯接壤，南与宁夏、陕西、山西、河北、北京、辽宁等省份相接，西至甘肃北部，东至黑龙江大兴安岭。内蒙古自治区历史悠久，文化底蕴深厚，具有丰富的历史文化旅游资源，如元上都遗址等。

2015 年，内蒙古自治区共有 A 级旅游景区 294 家，其中 5A 级景区 2 家，免门票和收门票景区分别为 155 家和 139 家，分别占全区 A 级景区总数的 52.72%和 47.28%。景区旅游总收入达 31.77 亿元，其中门票收入为 7.05 亿元，占景区旅游总收入的 22.19%。游客接待量共计 0.43 亿人次，其中政策性免票游客和购票游客分别为 1973.18 万人次和 2333.38 万人次，分别占全区 A 级景区游客接待总量的 45.82%和 54.18%。

2015 年，内蒙古自治区积极响应中国旅游景区协会的倡议，全区 84 家 A 级家景区纷纷承诺门票“不涨价”，主要包括 2 家 5A 级景区和 82 家 4A 级景区。5A 级景区主要有响沙湾旅游景区和成吉思汗陵旅游区。

一、总体价格情况

2015 年，内蒙古自治区共有 139 家 A 级景区收门票，其中 28 家景区实行淡旺季票价。全省 A 级景区全年平均门票价格为 17 元，与 2014 年保持一致，但与全国 A 级景区平均门票价格相比，仍低出 45.16 个百分点。淡旺季平均门票价格分别为 15 元和 19 元（表 2-13）。

表 2-13　2014～2015 年内蒙古自治区 A 级景区全年及淡旺季平均门票价格总体情况

全年平均门票价格			淡季平均门票价格	旺季平均门票价格
2014 年	2015 年	增长率		
17 元	17 元	0	15 元	19 元

景区游客人均门票负担及门票福利：2015 年内蒙古自治区 A 级景区所有游客人均门票负担和购票游客人均门票负担分别为 16.37 元和 30.22 元，其中所有游客人均门票负担较 2014 年减少 2.35 元，下降 12.55%；购票游客人

均门票负担较上年减少13.53元，下降30.93%，两者分别较全国平均水平低22.82%和20.72%。此外，2015年内蒙古自治区A级景区门票福利共计33.39亿元，占全国景区门票福利总额的6.43%，较上年增长6.5亿元，增长24.17%（表2-14）。

表2-14　2014～2015年内蒙古自治区A级景区分等级人均门票负担及门票福利统计

项目	2014年	2015年	增量	增长率/%
所有游客人均门票负担/元	18.72	16.37	−2.35	−12.55
购票游客人均门票负担/元	43.75	30.22	−13.53	−30.93
门票福利/亿元	26.89	33.39	6.50	24.17

景区平均门票价格占居民人均月收入和月消费支出比重：2015年，内蒙古自治区城镇、农村及全区居民人均月收入分别为2550元、898元和1859元，内蒙古自治区城镇、农村及全区居民人均月消费支出为1823元、886元和1432元。A级景区平均门票价格分别占城镇、农村及全区居民人均月收入的0.67%、1.89%和0.91%，分别占城镇、农村及全区居民人均月消费支出的0.93%、1.92%和1.19%。与2014年相比，所有占比均呈下降态势，其中，平均门票价格占全区居民人均月收入比重降速最快，为8.08%，平均门票价格占全区居民人均月消费支出比重降速最慢，为4.80%（表2-15）。

表2-15　2014～2015年内蒙古自治区A级景区平均门票价格占居民人均月收入和月消费支出比重　（单位：%）

年份	占居民人均月收入比重			占居民人均月消费支出比重		
	城镇	农村	全区	城镇	农村	全区
2014	0.72	2.05	0.99	0.98	2.05	1.25
2015	0.67	1.89	0.91	0.93	1.92	1.19

二、分等级A级景区门票价格

从景区等级结构来看，2015年内蒙古自治区2A级和3A级景区数量相对较多，分别为114家和100家，分别占全区A级景区总数的38.78%和34.01%；A级和5A级景区相对较少，分别为1家和2家，分别占全区A级景区总数的0.34%和0.68%。4A级景区77家，占全区景区总数的26.19%。

除1A级景区免门票外，其他等级A级景区均收门票。其中5A级景区全年平均门票价格最高，为125元；其次是4A级景区，为34元；3A和2A级景区相对较低，分别为13元和7元。淡旺季平均门票价格同样也以5A级景区最高，均为125元；其次是4A级景区，均为29元（图2-13）。

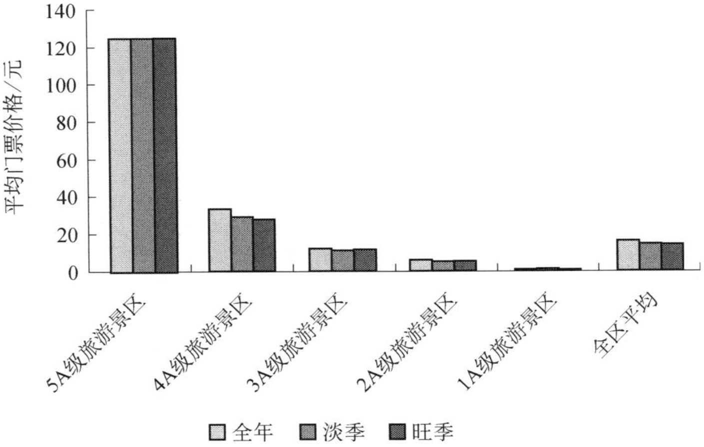

图2-13　2015年内蒙古自治区A级景区分等级平均门票价格

三、分类型A级景区门票价格

从景区类型来看，2015年内蒙古自治区A级景区以度假休闲类景区数量最多，共85家，占全区A级景区总数的28.91%；其次是自然景观类景区，为75家，占比为25.51%；然后是历史文化类和博物馆类景区，分别为44家和32家，占比分别为14.97%和10.88%；工业旅游类、乡村旅游类、主题游乐类及科技教育类景区相对较少，分别为9家、9家、4家和4家，占比分别为3.06%、3.06%、1.36%和1.36%；其他类型景区共计32家，占比10.88%。

各类型A级景区除工业旅游类景区免门票外，其他类型景区均收门票。其中全年平均门票价格以自然景观类景区最高，为25元；其次是历史文化类和度假休闲类景区，分别为19元和17元；科技教育类和乡村旅游类景区全年平均门票价格相对较低，分别为3元和4元。此外，淡季平均门票价格同样以自然景观类景区最高，为21元；其次是历史文化类和度假休闲类景区，分别为18元和14元。旺季平均门票价格还是自然景观类景区最高，为21元；其次是历史文化类和度假休闲类景区，分别为18元和14元（图2-14）。

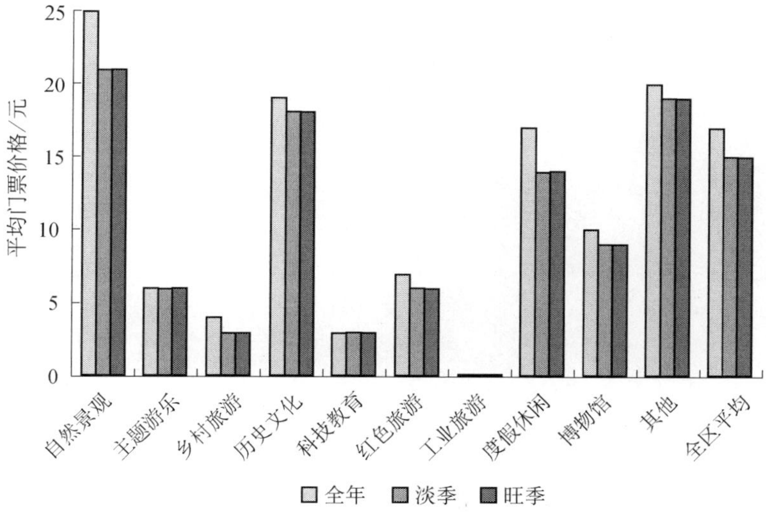

图2-14 2015年内蒙古自治区A级景区分类型平均门票价格

四、分体制A级景区门票价格

从景区经营体制来看，2015年内蒙古自治区A级景区以企业为经营主体的景区数量最多，共227家，占全区A级景区总数的77.21%；其次是以事业单位为经营主体的景区，共 65 家，占比为 22.11%；以行政单位为经营主体的景区最少，仅 2 家，占比为 0.68%。

全年平均门票价格以企业为经营主体的景区最高，为 18 元；其次是以事业单位为经营主体的景区，为 13 元；以行政单位为经营主体的景区平均门票价格最低，为 10 元。淡旺季平均门票价格同样也以企业为经营主体的景区最高，为 15 元；其次是以事业单位为经营主体的景区，为 13 元；以行政单位为经营主体的景区平均门票价格最低，为 10 元（图 2-15）。

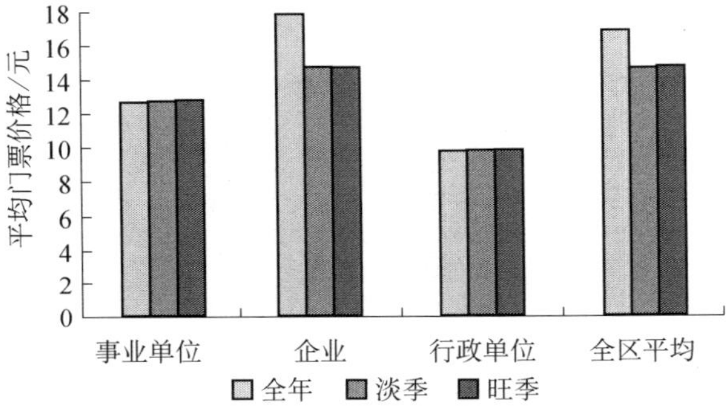

图 2-15　2015 年内蒙古自治区 A 级旅游景区分体制平均门票价格

第三章

东北片区 A 级景区门票价格情况

我国东北片区主要包括黑龙江省、吉林省和辽宁省三个省份。东北片区旅游资源丰富，旅游景区数量较多，其中 A 级景区 921 家，5A 级景区 14 家，拥有高句丽王城、沈阳故宫、五大连池等世界级旅游资源。该片区 A 级景区全年平均门票价格为 24 元，其中辽宁省最高，为 31 元，高于全区 A 级景区平均票价 29.17 个百分点。黑龙江省 A 级景区全年平均门票价格最低，为 18 元，低于全区平均票价 25.00 个百分点。

第一节 黑龙江省

黑龙江省是我国位置最北、最东，纬度最高，经度最东的省份，也是亚洲与太平洋地区陆路通往俄罗斯远东和欧洲大陆的重要通道。黑龙江省地势北高东低，西部属松嫩平原，东北部为三江平原，北部、东南部为山地，包括张广才岭、老爷岭等，是全国最大的木材生产基地。资源丰富的黑龙江同时也拥有众多旅游景区，如五大连池世界地质公园等。

2015 年，黑龙江省共有 A 级旅游景区 410 家，其中 5A 级景区 5 家，免门票和收门票景区分别为 219 家和 191 家，分别占全省 A 级景区总数的 53.41%和 46.59%。景区旅游总收入达 48.75 亿元，其中门票收入为 12.11 亿元，占景区旅游总收入的 24.84%。游客接待量共计 0.60 亿人次，其中政策性免票游客和购票游客分别为 3035.43 万人次和 2992.18 万人次，分别占全省 A 级景区游客接待总量的 50.36%和 49.64%。

2015 年，黑龙江省积极支持响应中国旅游景区协会“5A、4A 级景区带头不上涨门票价格”倡议，全省 100 多家景区签订“不上涨门票价格”协议，承诺三年内不涨价。

一、总体价格情况

2015 年，黑龙江省共有 191 家 A 级景区收门票，其中 64 家景区实行淡旺季票价。全省 A 级景区全年平均门票价格为 18 元，较 2014 年略有上涨，增幅为 5.88%，但与全国 A 级景区平均门票价格相比，仍低出 41.94 个百分点。全省 A 级景区淡旺季平均门票价格分别为 16 元和 20 元（表 3-1）。

表 3-1　2014～2015 年黑龙江省 A 级景区全年及淡旺季平均门票价格总体情况

全年平均门票价格			淡季平均门票价格	旺季平均门票价格
2014 年	2015 年	增长率		
17 元	18 元	5.88%	16 元	20 元

景区游客人均门票负担及门票福利：2015 年黑龙江省 A 级景区所有游客人均门票负担和购票游客人均门票负担分别为 20.09 元和 40.47 元，其中所有游客人均门票负担较 2014 年减少 0.04 元，下降 0.20%；购票游客人均门票负担较 2014 年减少 0.15 元，下降 0.37%。所有游客人均门票负担低

于全国平均水平5.28个百分点，购票游客人均门票负担高于全国平均水平6.16个百分点。此外，2015年黑龙江省A级景区门票福利共计5.46亿元，占全国景区门票福利总额的1.05%，较2014年增加1.47亿元，增长36.84%（表3-2）。

表3-2 2014～2015年黑龙江省A级景区分等级人均门票负担及门票福利统计

项目	2014年	2015年	增量	增长率/%
所有游客人均门票负担/元	20.13	20.09	−0.04	−0.20
购票游客人均门票负担/元	40.62	40.47	−0.15	−0.37
门票福利/亿元	3.99	5.46	1.47	36.84

景区平均门票价格占居民人均月收入和月消费支出比重：2015年黑龙江省城镇、农村和全省居民人均月收入分别为2600元、952元和1831元，黑龙江省城镇、农村及全省居民人均月消费支出为1783元、769元和1309元。A级景区平均门票价格分别占城镇、农村和全省居民人均月收入的0.69%、1.89%和0.98%，分别占城镇、农村和全省居民人均月消费支出的1.01%、2.34%和1.38%。与上年相比，平均门票价格占城镇居民人均月收入的比重降速最快，为23.33%（表3-3）。

表3-3 2014～2015年吉林省A级景区平均门票价格占居民人均月收入和月消费支出比重

（单位：%）

年份	占居民人均月收入比重			占居民人均消费支出比重		
	城镇	农村	全省	城镇	农村	全省
2014	0.9	1.95	—	1.24	2.61	—
2015	0.69	1.89	0.98	1.01	2.34	1.38

二、分等级A级景区门票价格

从景区等级结构来看，2015年黑龙江省2A级和3A级景区数量相对较多，分别为158家和138家，分别占全省A级景区总数的38.54%和

33.66%；5A 级和 1A 级景区相对较少，分别为 5 家和 25 家，分别占全省 A 级景区总数的 1.22%和 6.10%；4A 级景区 84 家，占全省的 20.49%。

5A 级景区全年平均门票价格最高，为 98 元；其次是 4A 级景区，为 38 元；3A 和 2A 级景区相对较低，分别为 15 元和 10 元。淡季平均门票价格同样也以 5A 级景区最高，为 83 元；其次是 4A 级景区，为 35 元。旺季平均门票价格也以 5A 级景区最高，为 115 元；其次是 4A 级景区，为 41 元；1A 和 2A 级景区相对较低，分别为 3 元和 11 元（图 3-1）。

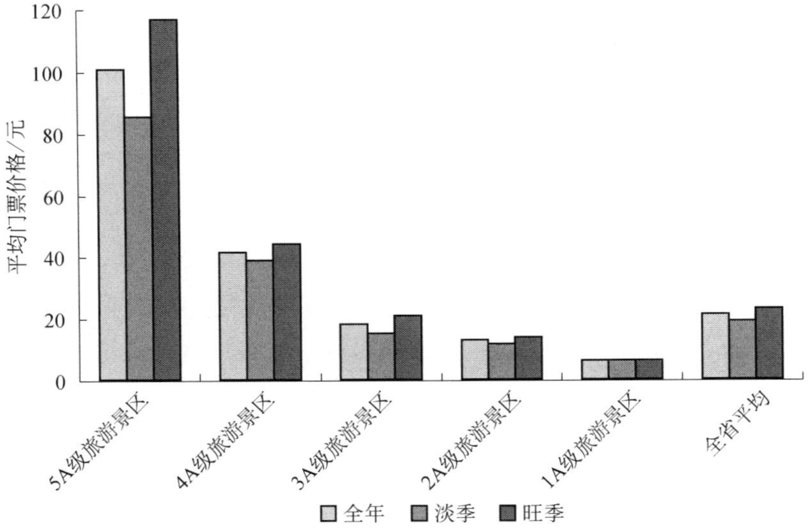

图 3-1　2015 年黑龙江省 A 级景区分等级平均门票价格

三、分类型 A 级景区门票价格

从景区类型来看，2015 年黑龙江省自然景观类和度假休闲类景区相对较多，分别为 125 家和 109 家，分别占全省 A 级景区总数的 30.49%和 26.59%；其次是乡村旅游类和博物馆类景区，分别为 35 家和 29 家，占比分别为 8.54%和 7.07%；科技教育类景区最少，为 8 家，占比为 1.95%；其他类型景区共计 104 家，占比 25.37%。

全年平均门票价格以主题游乐类景区最高，为 43 元；其次是科技教育类和自然景观类景区，分别为 27 元和 23 元；博物馆类、工业旅游类、红色旅游类和历史文化类景区全年平均门票价格相对较低，分别为 3 元、3 元、7 元和 8 元。此外，淡季平均门票价格同样以主题游乐类景区最高，为 43 元；其次是科技教育类和自然景观类景区，分别为 27 元和 19 元。旺季平均门票价格还是主题游乐类景区最高，为 44 元；其次是科技教育类和自然景观类景区，均为 28 元（图 3-2）。

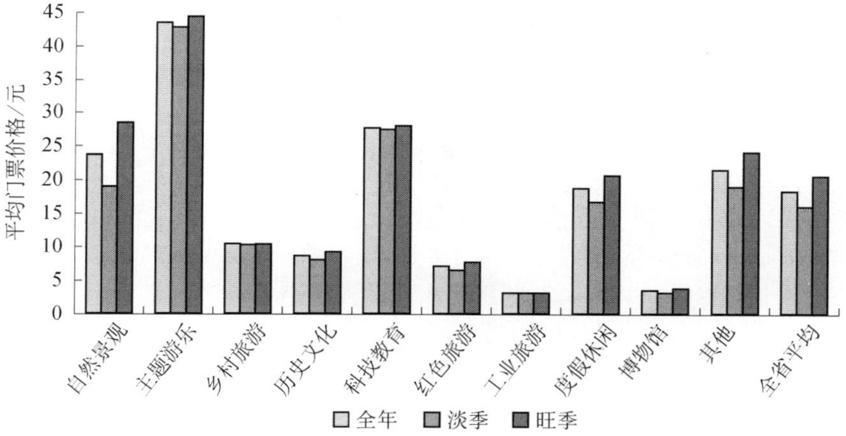

图 3-2　2015 年黑龙江省 A 级景区分类型平均门票价格

四、分体制 A 级景区门票价格

从景区经营体制来看，2015 年黑龙江省 A 级景区以企业为经营主体的景区数量最多，共 278 家，占全省 A 级景区总数的 67.80%；其次是以事业单位为经营主体的景区，共 117 家，占比为 28.54%；以行政单位为经营主体的景区最少，为 15 家，占比为 3.66%。

以行政单位为经营主体的景区全年平均门票价格最高，为 31 元；其次是以企业和事业单位为经营主体的景区，分别为 21 元和 9 元。淡季平均门票价格同样也以行政单位为经营主体的景区最高，为 27 元；其次是以企业为经营主体的景区，为 18 元；以事业单位为经营主体的景区淡旺季平均门票价格最低，为 8 元。淡季平均门票价格也是以行政单位为经营主体的景区最高，为 36 元；以企业和事业单位为经营主体的景区紧随其次，分别为 24 元和 11 元（图 3-3）。

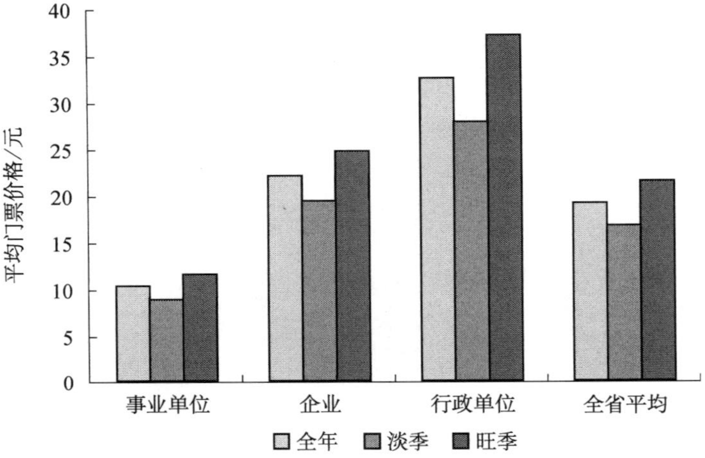

图 3-3　2015 年黑龙江省 A 级旅游景区分体制平均门票价格

第二节　吉　林　省

吉林省位于东北地区中部，面积为 18.74 万平方公里，北接黑龙江省，南接辽宁省，西邻内蒙古自治区，东与俄罗斯接壤，东南部以图们江、鸭绿江为界，与朝鲜隔江相望。吉林省历史悠久、民族众多、四季明显、气候多样，造就了吉林省秀美的生态环境、丰富的自然资源、独具特色的北国风光和灿烂多姿的历史文化，拥有长白山、查干湖等著名旅游胜地。

2015 年，吉林省共有 A 级旅游景区 230 家，其中 5A 级景区 5 家，免门票和收门票景区分别为 125 家和 105 家，分别占全省 A 级景区总数的

54.35%和 45.65%。景区旅游总收入达 28.67 亿元，其中门票收入为 7.44 亿元，占景区旅游总收入的 25.95%。游客接待量共计 0.36 亿人次，其中政策性免票游客和购票游客分别为 1530.70 万人次和 2099.72 万人次，分别占全省 A 级景区游客接待总量的 42.16%和 57.84%。

2015 年，吉林省积极支持响应中国旅游景区协会“5A、4A 级景区带头不上涨门票价格”倡议。全省共有 62 家 A 级景区承诺不涨价，含 5A 级景区 4 家、4A 级景区 58 家，主要包括伪满皇宫博物院、长春净月潭国家森林公园、长白山景区、长影世纪城、长春世界雕塑公园、长春莲花山滑雪场、吉林市北山风景区、查干湖旅游度假区等。

一、总体价格情况

2015 年，吉林省共有 105 家 A 级景区收门票，其中 19 家景区实行淡旺季票价。全省 A 级景区全年平均门票价格为 25 元，较 2014 年略有上涨，增幅为 8.70%，但与全国 A 级景区平均门票价格相比，低出 19.35 个百分点。全省 A 级景区淡旺季平均门票价格分别为 24 元和 27 元（表 3-4）。

表 3-4 2014～2015 年吉林省 A 级景区全年及淡旺季平均门票价格总体情况

全年平均门票价格			淡季平均门票价格	旺季平均门票价格
2014年	2015年	增长率		
23 元	25 元	8.70%	24 元	27 元

景区游客人均门票负担及门票福利（表 3-5）：2015 年，吉林省 A 级景区所有游客人均门票负担和购票游客人均门票负担分别为 20.50 元和 35.45 元，其中所有游客人均门票负担较 2014 年增加 8.87 元，增长 76.27%；购票游客人均门票负担较 2014 年增加 19.99 元，增长 129.30%，分别低于全国平均水平 3.35 和 7.00 个百分点。此外，2015 年，吉林省 A 级景区门票福利共计 3.83 亿元，占全国景区门票福利总额的 0.74%，较 2014 年增加 1.91 亿元，

增长 99.48%。

表 3-5　2014～2015 年吉林省 A 级景区分等级人均门票负担及门票福利统计

项目	2014 年	2015 年	增量	增长率/%
所有游客人均门票负担/元	11.63	20.50	8.87	76.27
购票游客人均门票负担/元	15.46	35.45	19.99	129.30
门票福利/亿元	1.92	3.83	1.91	99.48

景区平均门票价格占居民人均月收入和月消费支出比重（表 3-6）：2015 年吉林省城镇、农村居民人均月收入分别为 2075 元和 944 元，吉林省城镇、农村居民人均月消费支出分别为 1498 元和 732 元。A 级景区平均门票价格分别占城镇、农村居民人均月收入的 1.20%和 2.65%，分别占城镇、农村居民人均月消费支出的 1.67%和 3.42%。与 2014 年相比，平均门票价格占城镇居民人均月收入比重降速最快，为 6.98%，平均门票价格占城镇居民人均月消费支出比重降速最慢，为 4.57%。

表 3-6　2014～2015 年吉林省 A 级景区平均门票价格占居民人均月收入和月消费支出比重

（单位：%）

年份	占居民人均月收入比重			占居民人均月消费支出比重		
	城镇	农村	全省	城镇	农村	全省
2014	1.29	2.78	—	1.75	—	—
2015	1.20	2.65	—	1.67	3.42	—

二、分等级 A 级景区门票价格

从景区等级结构来看，2015 年吉林省 3A 级景区数量最多，为 94 家，占全省 A 级景区总数的 40.87%；其次是 2A 级和 4A 级景区，分别为 60 家和 57 家，占比分别为 26.09%和 24.78%；5A 级和 1A 级景区相对较少，分别为 5 家和 14 家，占比分别为 2.17%和 6.09%。

除1A级景区免门票外，其他A级景区均收门票。其中5A级景区全年平均门票价格最高，为113元；其次是4A级和3A级景区，分别为47元和20元；2A级景区最低，为11元。淡季平均门票价格同样也以5A级景区最高，为111元；其次是4A级景区，为46元；3A和2A级景区相对较低，分别为18元和10元。旺季平均门票价格也以5A级景区最高，为119元；其次是4A和3A级景区，分别为49元和21元（图3-4）。

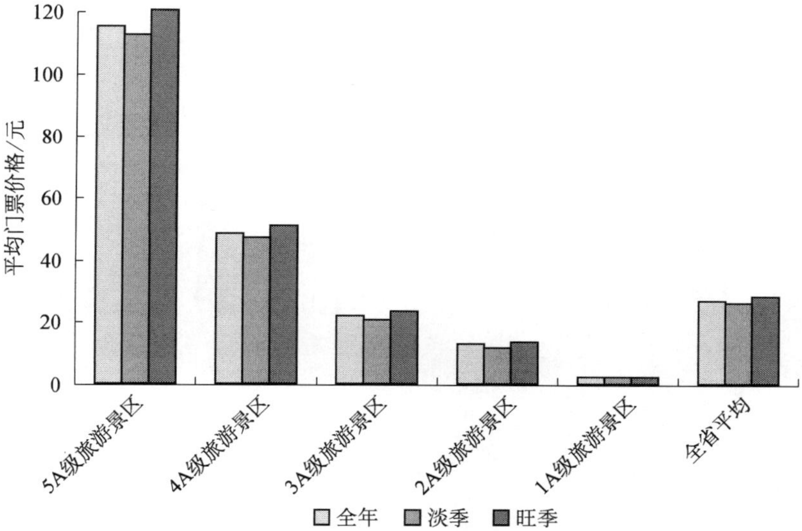

图3-4　2015年吉林省A级景区分等级平均门票价格

三、分类型A级景区门票价格

从景区类型来看，2015年吉林省A级景区以自然景观类景区数量最多，共77家，占全省A级景区总数的33.48%；其次是度假休闲类、乡村旅游类和历史文化类景区，分别为51家、27家和22家，占比分别为22.17%、11.74%和9.57%；主题游乐类和工业旅游类景区相对较少，分别为3家和4家，占比分别为1.30%和1.74%；其他类型景区共计46家，占比为20.00%。

全年平均门票价格以主题游乐类景区最高，为83元；其次是度假休闲类和自然景观类景区，分别为 35 元和 29 元；红色旅游类和乡村旅游类景区全年平均门票价格相对较低，分别为 4 元和 11 元。此外，淡季平均门票价格同样以主题游乐类景区最高，为 71 元；其次是度假休闲类、自然景观类和历史文化类景区，分别为 33 元、28 元和 28 元。旺季平均门票价格还是主题游乐类景区最高，为 100 元；其次是度假休闲类和自然景观类景区，分别为 37 元和 31 元（图 3-5）。

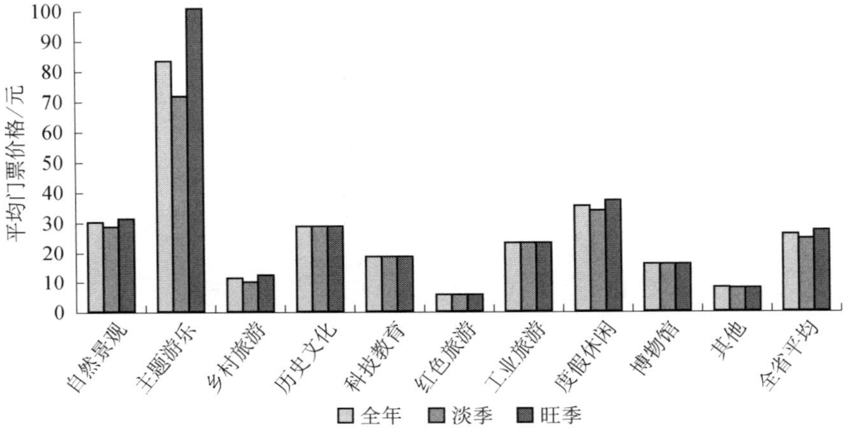

图 3-5　2015 年吉林省 A 级景区分类型平均门票价格

四、分体制 A 级景区门票价格

从景区经营体制来看，2015 年吉林省 A 级景区以企业为经营主体的景区数量最多，共 181 家，占全省 A 级景区总数的 78.70%；其次是以事业单位为经营主体的景区，共 45 家，占比为 19.57%；以行政单位为经营主体的景区最少，仅 4 家，占比为 1.74%。

以企业为经营主体的景区全年平均门票价格最高，为 29 元；其次是以事业单位为经营主体的景区，为 13 元；以行政单位为经营主体的景区平均门票价格最低，仅 1 元。淡季平均门票价格同样也以企业为经营主体的景区最高，为 28 元；其次是以事业单位为经营主体的景区，为 12 元；以行政单位为经营主体的景区淡季平均门票价格为0。旺季平均门票价格也以企业为经营主体的景区最高，为30元；其次是以事业单位和行政单位为经营主体的景区，分别为14元和3元（图3-6）。

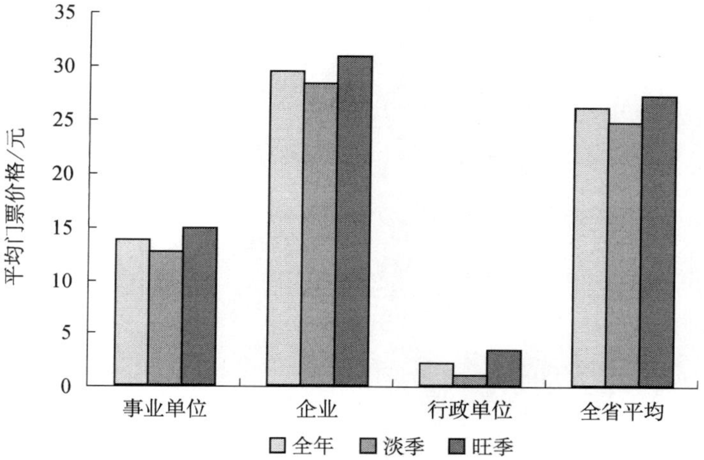

图3-6　2015年吉林省A级旅游景区分体制平均门票价格

第三节　辽　宁　省

辽宁省位于我国东北地区南部，是东北地区唯一既沿海又沿边的省份。辽宁历史悠久，自然风光秀美，文化古迹别具特色，旅游资源十分丰富，省内九门口长城、沈阳故宫、昭陵、福陵、永陵和五女山城等景区被联合国教科文组织确定为世界文化遗产。

2015年，辽宁省共有A级旅游景区281家，其中5A级景区4家，免门票和收门票景区分别为107家和174家，分别占全省A级景区总数的38.08%和61.92%。景区旅游总收入达97.83亿元，其中门票收入为44.93亿元，占景区旅游总收入的45.93%。游客接待量共计1.0亿人次，其中政策性免票游客和购票游客分别为 3777.17 万人次和 6227.73 万人次，分别占全省 A 级景区游客接待总量的 37.75%和 62.25%。

2015 年，辽宁省积极响应中国旅游景区协会“5A、4A 级景区带头不涨价”倡议，在首批不涨价景区的名单中，辽宁省共有 42 家，包括 2 家 5A 级景区和 40 家 4A 级景区。其中，大连市 A 级景区共有 10 家，包括大连金石滩国家旅游度假区、大连老虎滩海洋公园、大连安波旅游度假区、大连圣亚海洋世界、大连紫云花汐旅游景区、大连森林动物园、大连铭湖国际温泉滑雪度假区、大连棒棰岛宾馆景区、旅顺白玉山景区、旅顺东鸡冠山景区等。此外，许多非 A 级景区也未实行涨价计划。

一、总体价格情况

2015 年，辽宁省共有 174 家 A 级景区收门票，其中 47 家景区实行淡旺季票价。全省 A 级景区全年平均门票价格为 31 元，较2014 年上涨 14.81%，与全国 A 级景区平均门票价格相一致。全省 A 级景区淡旺季平均门票价格分别为 28 元和 34 元（表 3-7）。

表 3-7　2014～2015 年辽宁省 A 级景区全年及淡旺季平均门票价格总体情况

全年平均门票价格			淡季平均门票价格	旺季平均门票价格
2014年	2015年	增长率		
27 元	31 元	14.81%	28 元	34 元

景区游客人均门票负担及门票福利（表 3-8）：2015 年辽宁省 A 级景区所有游客人均门票负担和购票游客人均门票负担分别为 44.19 元和 72.15 元，其中所有游客人均门票负担较 2014 年增加 15.28 元，增长 51.57%，购票游客人均门票负担较 2014 年增加 27.88 元，增长 62.98%，分别高于全国平均水平 111.74 和 89.27 个百分点。此外，2015 年辽宁省 A 级景区门票福利共计 11.71 亿元，占全国景区门票福利总额的 2.26%，较 2014 年增加 4.09 亿

元，增长53.67%。

表3-8　2014～2015年辽宁省A级景区分等级门票负担及门票福利统计

项目	2014年	2015年	增量	增长率/%
所有游客人均门票负担/元	29.63	44.91	15.28	51.57
购票游客人均门票负担/元	44.27	72.15	27.88	62.98
门票福利/亿元	7.62	11.71	4.09	53.67

景区平均门票价格占居民人均月收入比重（表3-9）：2015年辽宁省城镇、农村及全省居民人均月收入分别为2594元、1005元和2048元，A级景区平均门票价格分别占城镇、农村及全省居民人均月收入的1.20%、3.08%和1.51%。与2014年相比，平均门票价格占全省居民人均月收入的比重降速最快，为7.36%；平均门票价格占城镇居民人均月收入的比重降速最慢，为6.25%。

表3-9　2014～2015年辽宁省A级景区平均门票价格占居民人均月收入和月消费支出比重

（单位：%）

年份	占居民人均月收入比重			占居民人均月消费支出比重		
	城镇	农村	全省	城镇	农村	全省
2014	1.28	3.32	1.63	—	—	—
2015	1.20	3.09	1.51	—	—	—

二、分等级A级景区门票价格

从景区等级结构来看，2015年辽宁省3A级景区数量最多，为141家，占全省A级景区总数的50.18%；其次是4A级和2A级景区，分别为81家和48家，占比分别为28.83%和17.08%；5A级和1A级景区相对较少，分别为4家和7家，占比分别为1.42%和2.49%。

5A级景区全年平均门票价格最高，为97元；其次是4A和3A级景区，分别为 52 元和 23 元；2A 级和 1A 级景区相对较低，分别为 15 元和 16 元。淡季平均门票价格同样也以 5A 级景区最高，为 90 元；其次是 4A 级景区，为 47 元。旺季平均门票价格也以 5A 级景区最高，为 105 元；其次是 4A 级和 3A 级景区，分别为 56 元和 25 元（图 3-7）。

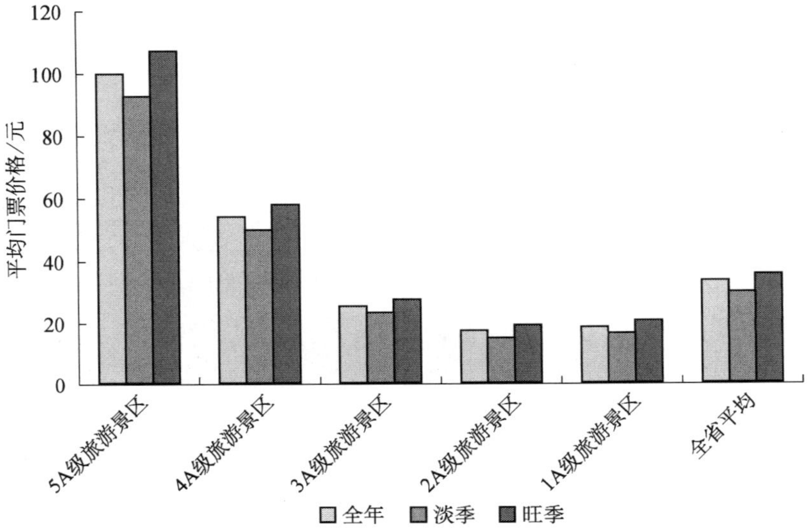

图 3-7　2015 年辽宁省 A 级景区分等级平均门票价格

三、分类型 A 级景区门票价格

从景区类型来看，2015 年辽宁省 A 级景区以自然景观类景区数量最多，共 97 家，占全省 A 级景区总数的 34.52%；其次是度假休闲类和历史文化类景区，分别为 47 家和 40 家，占比分别为 16.73%和 14.23%；科技教育类、工业旅游类景区数量相对较少，分别为 1 家和 7 家，占比分别为 0.36%和 2.49%；其他类型景区共计 89 家，占比为 31.67%。

全年平均门票价格以主题游乐类景区最高，为 108 元；其次是度假休闲类和自然景观类景区，分别为 48 元和 31 元；红色旅游类和博物馆类景区全年平均门票价格相对较低，分别为 7 元和 14 元。此外，淡季平均门票价格同样以主题游乐类景区最高，为98元；其次是度假休闲类和自然景观类景区，分别为45元和28元。旺季平均门票价格还是主题游乐类景区最高，为119元；其次是度假休闲类和自然景观类景区，分别为52元和33元（图3-8）。

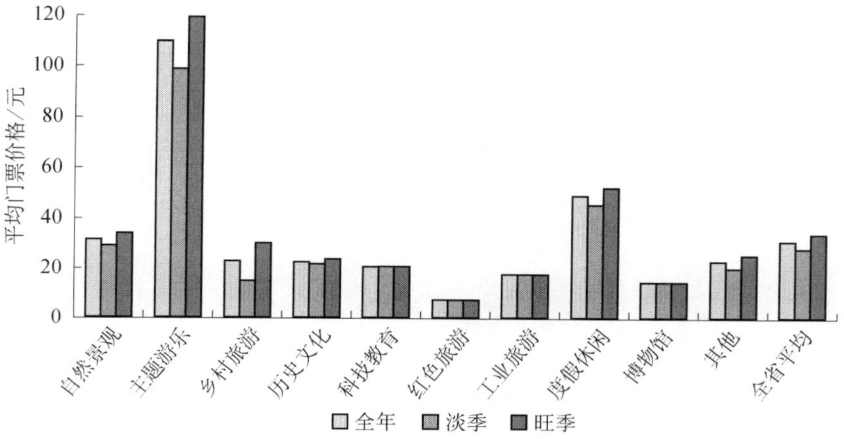

图3-8　2015年辽宁省A级景区分类型平均门票价格

四、分体制A级景区门票价格

从景区经营体制来看，2015年辽宁省A级景区以企业为经营主体的景区数量最多，共200家，占全省A 级景区总数的71.17%；其次是以事业单位为经营主体的景区，共74家，占比为26.33%；以行政单位为经营主体的景区最少，仅7家，占比为2.49%。

企业为经营主体的景区全年平均门票价格最高，为33元；其次是以事业单位和行政单位为经营主体的景区，分别为26元和18元。淡季平均门票价格同样也以企业为经营主体的景区最高，为30元；其次是以事业单位为经营主体的景区，为24元。淡季平均门票价格也以企业为经营主体的景区最高，为36元；其次是以事业单位和行政单位为经营主体的景区，分别为28元和18元（图3-9）。

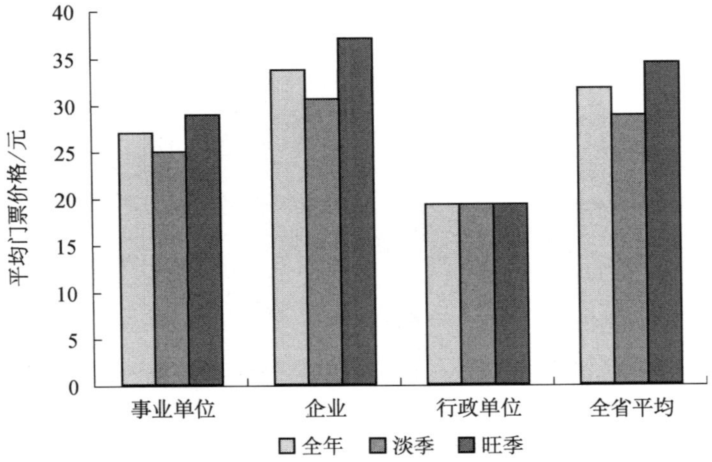

图 3-9　2015 年辽宁省 A 级旅游景区分体制平均门票价格

第四章

华东片区 A 级景区门票价格情况

华东片区主要包括上海市、江苏省、浙江省、安徽省、江西省和山东省等。华东片区旅游资源丰富，旅游景区数量较多，A 级景区共 2794 家，其中 5A 级景区 72 家，拥有中国大运河、苏州古典园林、西湖文化景观、黄山、庐山等世界级旅游资源。该片区 A 级景区全年平均门票价格为 29 元，其中浙江省最高，为 42 元，高于全区 A 级景区平均票价 44.83 个百分点。江苏省景区平均门票价格最低，为 19 元，低于全区平均票价 34.48 个百分点。

第一节　上　海　市

上海市是我国的直辖市，地处长江入海口，隔东海与日本九州岛相望，南临杭州湾，西与江苏省、浙江省相接，是长江三角洲的经济中心。上海市也是一座历史文化名城，拥有深厚的城市文化底蕴和众多历史古迹。同时，临河临海的地理条件，形成了各样的旅游景点。例如，东方明珠电视塔、金茂大厦等现代设施旅游景点；佘山国家森林公园、淀山湖等自然资源旅游景点；枫泾古镇、中共一大会址等历史文化旅游景点；外滩等商业体验区；四者交融呼应使得旅行行程中体验多样。

2015 年，上海市共有 A 级旅游景区 89 家，其中 5A 级景区 3 家，免门票和收门票景区分别为 21 家和 68 家，分别占全市 A 级景区总数的 23.60%和 76.40%。景区旅游总收入达 31.47 亿元，其中门票收入为 18.23 亿元，占景区旅游总收入的 57.93%。游客接待量共计 0.73 亿人次，其中政策性免票游客和购票游客分别为 3301.69 万人次和 4012.70 万人次，分别占全市 A 级景区游客接待总量的 45.14%和 54.86%。

2015 年，上海市积极支持响应中国旅游景区协会“5A、4A 级景区带头不上涨门票价格”倡议，全市 53 家景区签订“不上涨门票价格”承诺，之前计划涨价的上海东方明珠电视塔、上海野生动物园、海洋水族馆等均承诺不涨价。

一、总体价格情况

2015 年，上海市共有 68 家 A 级景区收门票，其中 14 家景区实行淡旺季票价。全市 A 级景区全年平均门票价格为 37 元，与 2014 年保持一致，但与全国 A 级景区平均门票价格相比，仍高出 19.35 个百分点。全市 A 级景区淡旺季平均门票价格分别为 35 元和 39 元（表 4-1）。

表 4-1　2014～2015 年上海市 A 级景区全年及淡旺季平均门票价格总体情况

全年平均门票价格			淡季平均门票价格	旺季平均门票价格
2014 年	2015 年	增长率		
37 元	37 元	0	35 元	39 元

景区游客人均门票负担及门票福利：2015年上海市A级景区所有游客人均门票负担和购票游客人均门票负担分别为24.93元和45.44元，其中所有游客人均门票负担较2014年减少1.24元，下降4.74%；购票游客人均门票负担较2014年增加8.31元，增长22.38%，分别高于全国平均水平17.54和19.20个百分点。此外，2015年上海市A级景区门票福利共计12.22亿元，占全国景区门票福利总额的2.35%，较上年增加3.89亿元，增长46.70%（表4-2）。

表4-2　2014～2015年上海市A级景区分等级人均门票负担及门票福利统计

项目	2014年	2015年	增量	增长率/%
所有游客人均门票负担/元	26.17	24.93	−1.24	−4.74
购票游客人均门票负担/元	37.13	45.44	8.31	22.38
门票福利/亿元	8.33	12.22	3.89	46.70

景区平均门票价格占居民人均月收入和月消费支出比重：2015年上海市城镇、农村及全市居民人均月收入分别为4414元、1934元和4156元，上海市城镇、农村及全市居民人均月消费支出为3079元、1346元和2899元。A级景区平均门票价格分别占城镇、农村及全市居民人均月收入的0.84%、1.91%和0.89%，分别占城镇、农村及全市居民人均月消费支出的1.20%、2.75%和1.28%。与2014年相比，平均门票价格占城镇居民人均月消费支出的比重降速最快，为17.24%；平均门票价格占农村居民人均月消费支出的比重降速最慢，为5.17%（表4-3）。

表4-3　2014～2015年上海市A级景区平均门票价格占居民人均月收入和月消费支出比重

（单位：%）

年份	占居民人均月收入比重			占居民人均月消费支出比重		
	城镇	农村	全市	城镇	农村	全市
2014	0.93	2.10	—	1.45	2.90	—
2015	0.84	1.91	0.89	1.20	2.75	1.28

二、分等级 A 级景区门票价格

从景区等级结构来看，2015 年上海市 4A 级和 3A 级景区数量相对较多，分别为 46 家和 40 家，分别占全市 A 级景区总数的 51.69%和 44.94%；5A 级景区最少，为 3 家，占全市 A 级景区总数的 3.37%。

5A 级景区全年平均门票价格最高，为 117 元；其次是 4A 级景区，为 47 元；3A 级景区最低，为 19 元。淡季平均门票价格同样也以 5A 级景区最高，为 117 元；其次是 4A 级和 3A 级景区，分别为 45 元和 18 元。旺季平均门票价格也以 5A 级景区最高，为 117 元；其次是 4A 级和 3A 级景区，分别为 50 元和 20 元（图 4-1）。

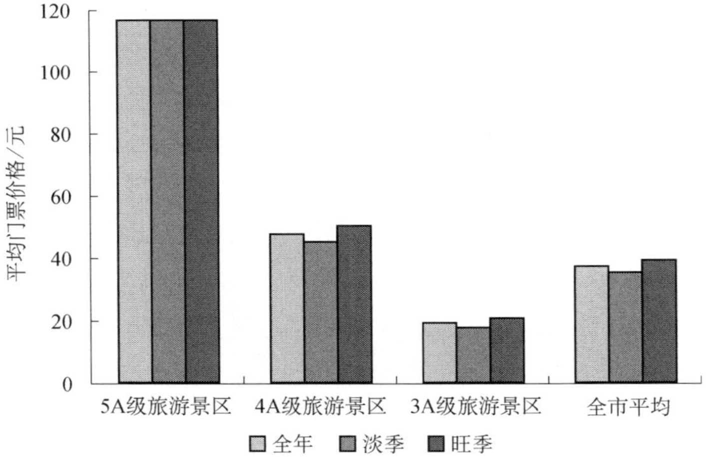

图 4-1　2015 年上海市 A 级景区分等级平均门票价格

三、分类型 A 级景区门票价格

从景区类型来看，2015 年上海市 A 级景区以乡村旅游类景区数量最多，共 22 家，占全市 A 级景区总数的 24.72%；其次是历史文化类和度假休闲类景区，均为 16 家，占比均为 17.98%；科技教育类、红色旅游类和工业旅游类景区最少，均为 1 家，占比均为 1.12%；其他类型景区共计 32 家，占比 35.96%。

各类型 A 级景区除红色旅游类、工业旅游类景区免门票外，其他类型景区均收门票。其中全年平均门票价格以主题游乐类景区最高，为 88 元；其次是科技教育类和度假休闲类景区，分别为 50 元和 40 元，历史文化类、自然景观类和博物馆类景区全年平均门票价格相对较低，分别为 17 元、20 元和 26 元。此外，淡季平均门票价格同样以主题游乐类景区最高，为 88 元；其次是科技教育类和度假休闲类景区，分别为 50 元和 38 元。旺季平均门票价格还是主题游乐类景区最高，为 88 元；其次是科技教育类和度假休闲类景区，分别为 50 元和 43 元（图 4-2）。

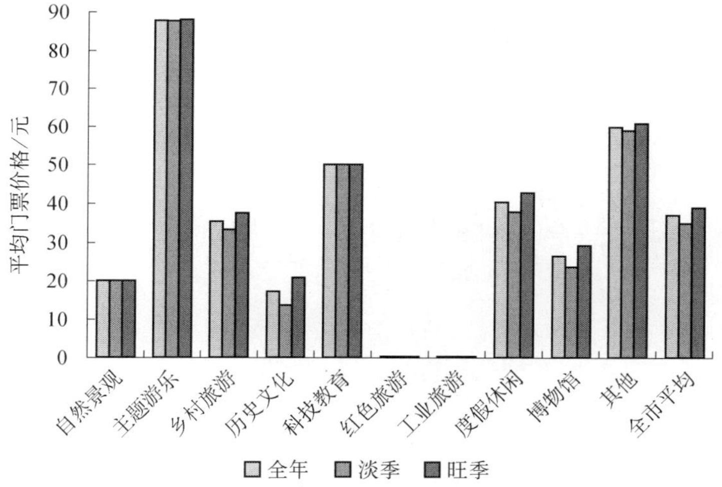

图 4-2　2015 年上海市 A 级景区分类型平均门票价格

四、分体制 A 级景区门票价格

从景区经营体制来看，2015 年上海市 A 级景区以企业为经营主体的景区数量最多，共 69 家，占全市 A 级景区总数的 77.53%；其次是以事业单位为经营主体的景区，共 20 家，占比为 22.47%。

以企业为经营主体的景区全年平均门票价格最高，为 41 元；其次是以事业单位为经营主体的景区，为 24 元。淡季平均门票价格同样也以企业为经营主体的景区最高，为 39 元；其次是以事业单位为经营主体的景区，为 22 元。旺季平均门票价格也以企业为经营主体的景区最高，为 43 元；其次是以事业单位为经营主体的景区，为 25 元（图 4-3）。

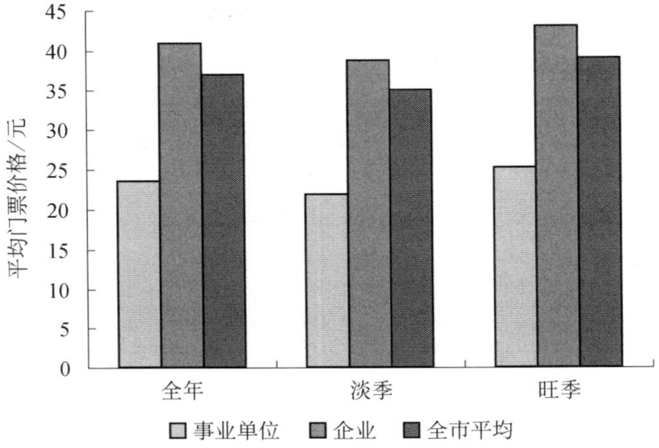

图 4-3　2015 年上海市 A 级旅游景区分体制平均门票价格

第二节　江　苏　省

江苏省辖江临海，东临黄海，南接浙江省、上海市，北接山东省，西连安徽省。同时，有河流、湖泊内含其中，使其具有资源种类多样、各地景观迥异的特点。

2015 年，江苏省共有 A 级旅游景区 622 家，其中 5A 级景区 7 家，免门票和收门票景区分别为 363 家和 259 家，分别占全省 A 级景区总数的 58.36%和 41.64%。景区旅游总收入达 212.92 亿元，其中门票收入为 51.63 亿元，占景区旅游总收入的24.25%。游客接待量共计4.73亿人次，其中政策性免票游客和购票游客分别为27 044.87万人次和20 265.21万人次，分别占全省A级景区游客接待总量的57.17%和42.83%。

2015年，江苏省许多由政府定价的高A级景区均未涨价。全省包括夫子庙、苏州园林、周庄古镇等14家5A级景区在内的169家景区签订“5A、4A级景区带头不上涨门票价格”协议，承诺三年内不涨价。

一、总体价格情况

2015年，江苏省共有622家A级景区收门票，其中63家景区实行淡旺季票价。全省A级景区全年平均门票价格为19元，较2014年略有下降，降幅为5.00%，与全国A级景区平均门票价格相比，低38.71个百分点。全省A级景区淡旺季平均门票价格分别为18元和20元（表4-4）。

表4-4　2014～2015年江苏省A级景区全年及淡旺季平均门票价格总体情况

全年平均门票价格			淡季平均门票价格	旺季平均门票价格
2014年	2015年	增长率		
20元	19元	−5.00%	18元	20元

景区游客人均门票负担及门票福利：2015年江苏省A级景区所有游客人均门票负担和购票游客人均门票负担分别为10.91元和25.48元，其中所有游客人均门票负担较2014年减少0.57元，下降4.97%；购票游客人均门票负担较2014年增加4.55元，上涨21.74%，两者较全国所有游客和购票游客人均门票负担分别上涨48.56%和33.16%。此外，2015年江苏省A级景区门票福利共计51.14亿元，占全国景区门票福利总额的9.85%，较2014年增加15.23亿元，增长42.41%（表4-5）。

表 4-5 2014～2015 年江苏省 A 级景区分等级人均门票负担及门票福利统计

项目	2014 年	2015 年	增量	增长率/%
所有游客人均门票负担/元	11.48	10.91	−0.57	−4.97
购票游客人均门票负担/元	20.93	25.48	4.55	21.74
门票福利/亿元	35.91	51.14	15.23	42.41

景区平均门票价格占居民人均月收入和月消费支出比重（表 4-6）：2015 年，江苏省城镇、农村及全省居民人均月收入分别为 3098 元、1355 元和 2462 元，江苏省全省居民人均月消费支出为 1713 元。A 级景区平均门票价格分别占城镇、农村及全省居民人均月收入的 0.61%、1.40%和 0.77%，平均门票价格占全省居民人均月消费支出的 1.11%。与 2014 年相比，所有占比均有所下降，其中平均门票价格占农村居民人均月收入的比重降速最快，降速为 22.22%；平均门票价格占全省居民人均月消费支出的比重降速最慢，降速为 11.20%。

表 4-6 2014～2015 年江苏省 A 级景区平均门票价格占居民人均月收入和月消费支出的比重

（单位：%）

年份	占居民人均月收入比重			占居民人均月消费支出比重		
	城镇	农村	全省	城镇	农村	全省
2014	0.77	1.80	0.88	—	—	1.25
2015	0.61	1.40	0.77	—	—	1.11

二、分等级 A 级景区门票价格

从景区等级结构来看，2015 年江苏省 2A、3A 和 4A 级景区相对较多，分别为 222 家、207 家和 173 家，分别占全省 A 级景区总数的 35.69%、33.28%和 27.81%；5A 级景区相对较少，为 20 家，占比为 3.22%。

各等级 A 级景区平均门票价格以 5A 级景区最高，为 119 元；其次是 4A 级和 3A 级景区，分别为 36 元和 11 元；2A 级景区最低，仅 4 元。淡旺季平均门票价格同样也以 5A 级景区最高，分别为 116 元和 123 元；其次是 4A 级景区，分别为 34 元和 38 元；3A 景区分别为 10 元和 12 元；2A 级景区淡旺季平均门票价格最低，都是 4 元（图 4-4）。

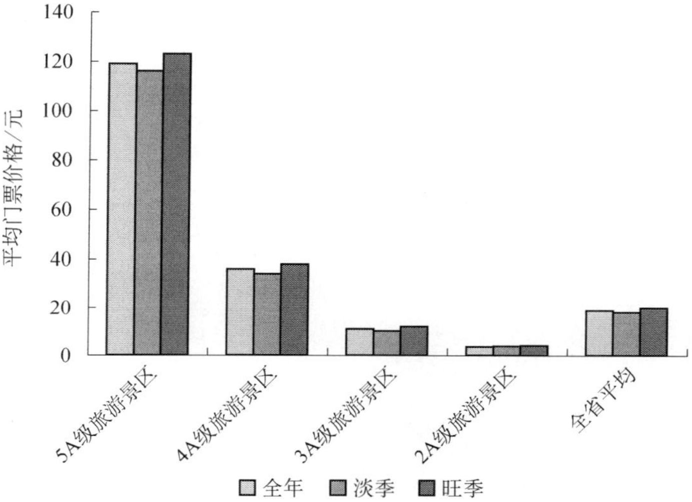

图 4-4　2015 年江苏省 A 级景区分等级平均门票价格

三、分类型 A 级景区门票价格

从景区类型来看，2015 年江苏省 A 级景区历史文化类和自然景观类景区数量远高于其他类型景区，分别为 164 家和 145 家，占全省 A 级景区总数的 26.37%和 23.31%；其次是博物馆类、乡村旅游类、度假休闲类及红色旅游类景区，分别为 63 家、61 家、56 家和 52 家，占比分别为 10.13%、9.81%、9.00%和 8.36%；科技教育类和工业旅游类景区相对较少，分别为 9 家和 5 家，占比分别为 1.45%和 0.80%；其他类型景区共计 67 家，占比为 10.77%。

全年平均门票价格以主题游乐类景区最高，为 47 元；其次是度假休闲类、自然景观类和历史文化类景区，分别为 30 元、23 元和 23 元；博物馆类、科技教育类和乡村旅游类景区平均门票价格相对较低，分别为 10 元、8

元和 7 元；红色旅游类景区平均门票价格最低，为 2 元。此外，淡季平均门票价格依然是主题游乐类景区最高，为 42 元；其次是度假休闲类景区，为 29 元。旺季平均门票价格也以主题游乐类景区最高，为 53 元；其次是度假休闲类景区，为 32 元；科技教育类和红色旅游类景区的淡旺季平均门票价格基本一致，区别不大（图 4-5）。

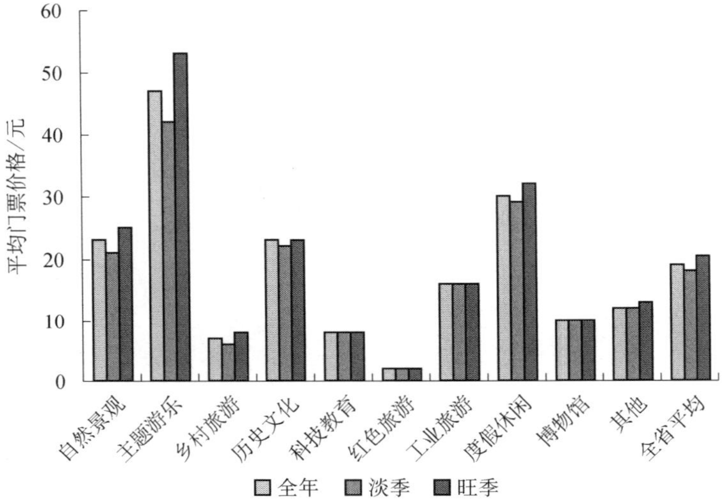

图 4-5 2015 年江苏省 A 级景区分类型平均门票价格

四、分体制 A 级景区门票价格

从景区经营体制来看，2015 年江苏省 A 级景区以企业为经营主体的景区数量最多，共 363 家，占全省 A 级景区总数的 58.36%；其次是以事业单位为经营主体的景区，共 248 家，占比为 39.87%；以行政单位为经营主体的景区最少，仅 11 家，占比为 1.77%。

全年平均门票价格以行政单位为经营主体的景区最高，为 60 元；其次是以企业为经营主体的景区，为 21 元；以事业单位为经营主体的景区平均门票价格最低，为 14 元。淡旺季平均门票价格同样也以行政单位为经营主体的景区最高，分别为55元和65元；其次是以企业为经营主体的景区，分别为20元和22元；以事业单位为经营主体的景区淡旺季平均门票价格最低，分别为13元和15元（图4-6）。

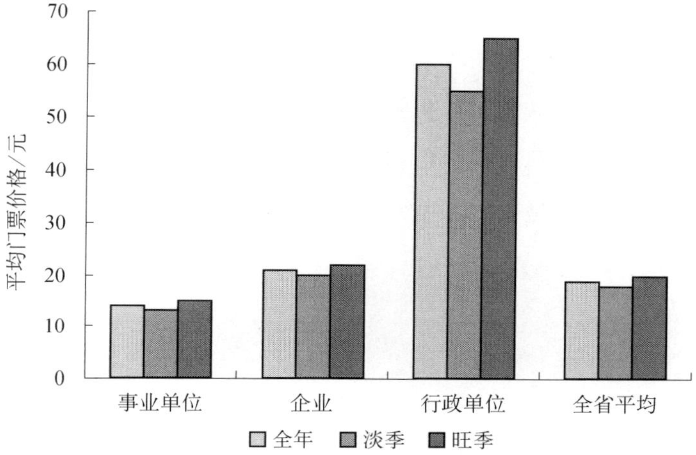

图4-6　2015年江苏省A级旅游景区分体制平均门票价格

第三节　浙　江　省

浙江省地处我国东南沿海长江三角洲，东临东海，南接福建省，西与安徽省、江西省相连，北与上海市、江苏省接壤。浙江省也是吴越文化、江南文化的发源地，省内有距今7000年的河姆渡文化、距今6000年的马家浜文化和距今5000年的良渚文化。浙江省地势自西南向东北呈阶梯状倾斜，西南山地，中部丘陵，东北平原，是典型的山水江南、鱼米之乡，被称为“丝绸之府”。省内拥有浙江江郎山、西湖文化景观，以及中国大运河等世界自然和文化遗产。

2015年，浙江省共有A级旅游景区445家，其中5A级景区14家，免门票和收门票景区分别为 161 家和 284 家，分别占全省 A 级景区总数的 36.18%和 63.82%。景区旅游总收入达 178.56 亿元，其中门票收入为 62.10 亿元，占景区旅游总收入的 34.78%。游客接待量共计 2.99 亿人次，其中政策性免票游客和购票游客分别为 9749.51 万人次和 20125.17 万人次，分别占全省 A 级景区游客接待总量的 32.63%和 67.37%。

2015 年，浙江省积极支持响应中国旅游景区协会“5A、4A 级景区带头不上涨门票价格”倡议，全省共有 132 家 A 级景区承诺三年内不涨价，其中 5A 级景区 7 家，4A 级景区 125 家。但仍有部分景区偷偷涨价，如绍兴市兰亭景区门票价格将上调为 80 元，比现价 40 元上涨了一倍。

一、总体价格情况

2015 年，浙江省共有 284 家 A 级景区收门票，其中 30 家景区实行淡旺季票价。全省 A 级景区全年平均门票价格为 42 元，较 2014 年略有下降，降幅为 2.33%，但与全国 A 级景区平均门票价格相比，仍高出 35.48 个百分点。全省 A 级景区淡旺季平均门票价格分别为 41 元和 43 元（表 4-7）。

表 4-7　2014～2015 年浙江省 A 级景区全年及淡旺季平均门票价格总体情况

全年平均门票价格			淡季平均门票价格	旺季平均门票价格
2014年	2015年	增长率		
43 元	42 元	−2.33%	41 元	43 元

景区游客人均门票负担及门票福利：2015 年浙江省 A 级景区所有游客人均门票负担和购票游客人均门票负担分别为 20.79 元和 30.86 元，其中所有游客人均门票负担较 2014 年减少 5.21 元，下降 20.04%，购票游客人均门票负担较 2014 年减少 4.54 元，下降 12.82%，分别低于全国平均水平 1.98 和 19.05 个百分点。此外，2015 年浙江省 A 级景区门票福利共计 40.95 亿元，占全国景区门票福利总额的 7.89%，较 2014 年增加 12.76 亿元，增长 45.26%

（表4-8）。

表4-8　2014～2015年浙江省A级景区分等级门票负担及门票福利统计

项目	2014年	2015年	增量	增长率/%
所有游客人均门票负担/元	26.00	20.79	−5.21	−20.04
购票游客人均门票负担/元	35.40	30.86	−4.54	−12.82
门票福利/亿元	28.19	40.95	12.76	45.26

景区平均门票价格占居民人均月收入和月消费支出比重（表4-9）：2015年，浙江省城镇、农村及全省居民人均月可支配收入分别为3643元、1760元和2961元，浙江省城镇、农村及全省居民人均月消费支出分别为2388元、1342元和2010元。A级景区平均门票价格分别占城镇、农村及全省居民人均月收入的1.15%、2.39%和1.42%，分别占城镇、农村及全省居民人均月消费支出的1.76%、3.13%和2.09%。与2014年相比，六个占比均呈下降态势，其中平均门票价格占农村居民人均月消费支出的比重降速最快，为10.06%；平均门票价格占城镇居民人均月消费支出的比重降速最慢，为4.86%。

表4-9　2014～2015年浙江省A级景区平均门票价格占居民人均月收入和月消费支出的比重

（单位：%）

年份	占居民人均月收入比重			占居民人均月消费支出比重		
	城镇	农村	全省	城镇	农村	全省
2014	1.25	2.60	1.54	1.85	3.48	2.23
2015	1.15	2.39	1.42	1.76	3.13	2.09

二、分等级A级景区门票价格

从景区等级结构来看，2015年浙江省4A和3A级景区数量相对较多，分别为 164 家和 143 家，分别占全省 A 级景区总数的 36.85%和 32.13%；5A 级和 1A 级景区相对较少，分别为 14 家和 4 家，分别占全省 A 级景区总数的 3.15%和 0.90%。2A 级景区数量 120 家，占比 26.97%。

5A 级景区全年平均门票价格最高，为 157 元；其次是 4A 级景区，为 66 元；3A 级和 2A 级景区相对较低，分别为 28 元和 13 元。淡季平均门票价格同样也以 5A 级景区最高，为 158 元；其次是 4A 级景区，为 65 元。旺季平均门票价格同样也以 5A 级景区最高，为 161 元；其次是 4A 级和 3A 级景区，分别为 67 元和 29 元（图 4-7）。

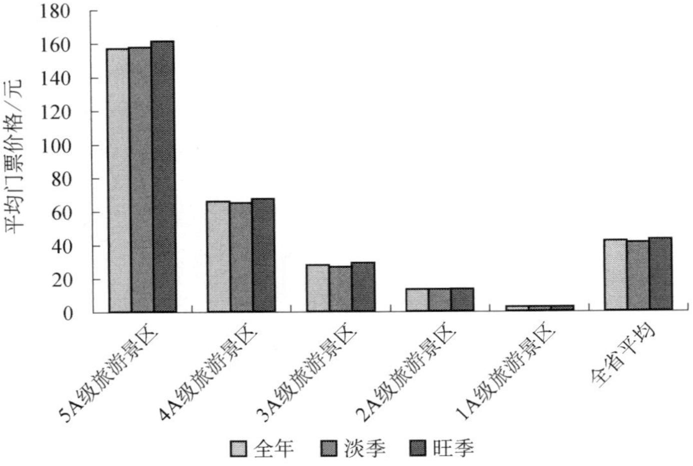

图 4-7　2015 年浙江省 A 级景区分等级平均门票价格

三、分类型 A 级景区门票价格

从景区类型来看，2015 年浙江省 A 级景区以自然景观类景区数量最多，共 146 家，占全省 A 级景区总数的 32.81%；其次是历史文化类和乡村旅游类景区，分别为 70 家和 66 家，占比分别为 15.73%和 14.83%；工业旅游类、红色旅游类和科技教育类景区相对较少，分别为 15 家、10 家和 4 家，占比分别为 3.37%、2.25%和 0.90%；其他类型景区共计 134 家，占比 30.11%。

全年平均门票价格以主题游乐类景区最高，为115元；其次是科技教育类和自然景观类景区，分别为53元和51元；乡村旅游类、工业旅游类和博物馆类景区全年平均门票价格相对较低，分别为20元、12元和13元。此外，淡季平均门票价格同样以主题游乐类景区最高，为113元；其次是科技教育类和自然景观类景区，分别为53元和50元。旺季平均门票价格还是主题游乐类景区最高，为119元；其次是科技教育类和自然景观类景区，均为53元（图4-8）。

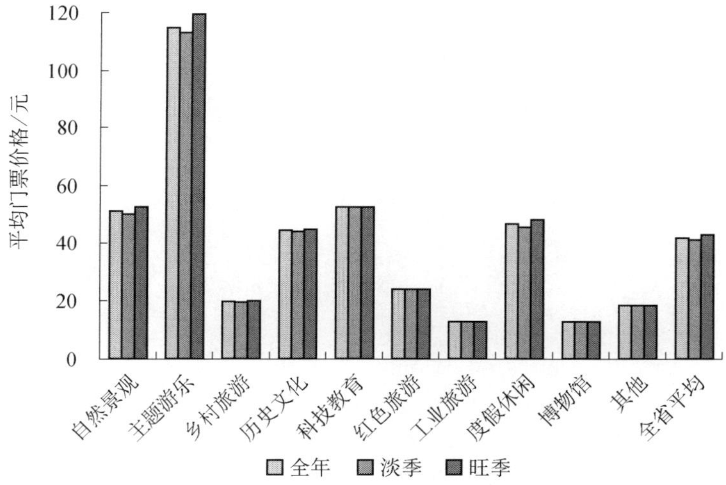

图4-8　2015年浙江省A级景区分类型平均门票价格

四、分体制A级景区门票价格

从景区经营体制来看，2015年浙江省A级景区以企业为经营主体的景区数量最多，共371家，占全省A 级景区总数的83.37%；其次是以事业单位为经营主体的景区，共61家，占比为13.71%；以行政单位为经营主体的景区最少，为13家，占比为2.92%。

各经营体制A级景区平均门票价格以企业为经营主体的景区最高，为45元；其次是以行政单位为经营主体的景区，为29元；以事业单位为经营主体的景区平均门票价格最低，为27元。淡季平均门票价格同样也以企业为经营主体的景区最高，为44元；其次是以行政单位和事业单位为经营主体的景区，分别为28元和27元。旺季平均门票价格同样也以企业为经营主体的景区最高，为46元；其次是以行政单位和事业单位为经营主体的景区，分别为30元和28元（图4-9）。

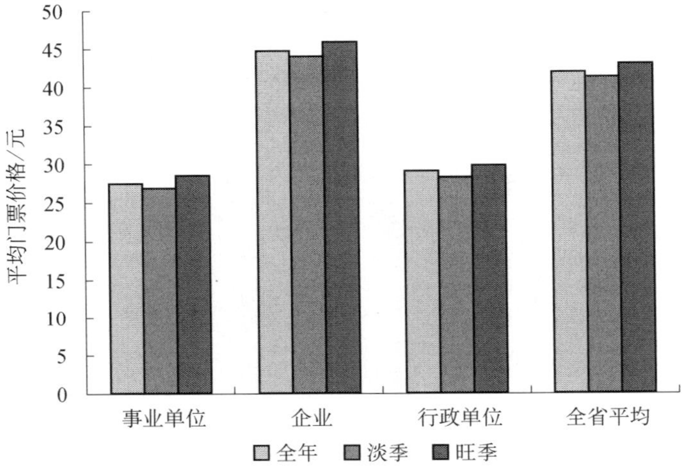

图4-9　2015年浙江省A级旅游景区分体制平均门票价格

第四节　安　徽　省

安徽省地处长江、淮河中下游，长江三角洲腹地，东连江苏省、浙江省，西接湖北省、河南省，南邻江西省，北靠山东省，地跨长江、淮河、新安江三大流域，世称江淮大地。安徽省地形地貌多样，有平原、山地、台地、丘陵等。全省由淮北平原、江淮丘陵、皖南山区组成。安徽省也是中国史前文明的重要发祥地，拥有淮河、徽州、庐州、皖江四大文化圈，拥有黄山、西递、宏村三处世界文化遗产。

2015年，安徽省共有A级旅游景区443家，其中5A级景区9家，免门票和收门票景区分别为239家和204家，分别占全省A级景区总数的53.95%和46.05%。景区旅游总收入达233.33亿元，其中门票收入为33.96亿元，占景区旅游总收入的14.55%。游客接待量共计1.89亿人次，其中政策性免票游客和购票游客分别为8312.05万人次和10 564.5万人次，分别占全省A级景区游客接待总量的44.03%和55.97%。

2015年，安徽省积极支持响应中国旅游景区协会“5A、4A级景区带头不上涨门票价格”倡议，全省共有91家A级景区承诺三年内不涨价，主要包括九华山风景区、皖南古村落的西递景区、古徽州文化旅游区（呈坎、唐模、徽州古城、棠樾牌坊群·鲍家花园、潜口民宅）、天柱山风景区、天堂寨风景区等5家5A级景区，以及合肥野生动物园等86家4A级景区。

一、总体价格情况

2015年，安徽省共有204家A级景区收门票，其中44家景区票价实行淡旺季。全省A级景区全年平均门票价格为26元，较2014年略有上涨，增幅为4.00%，且与全国A级景区平均门票价格相比，仍低出16.13个百分点。淡旺季平均门票价格分别为25元和28元（表4-10）。

表4-10 2014～2015年安徽省A级景区全年及淡旺季平均门票价格总体情况

全年平均门票价格			淡季平均门票价格	旺季平均门票价格
2014年	2015年	增长率		
25元	26元	4.00%	25元	28元

景区游客人均门票负担及门票福利（表4-11）：2015年，安徽省A级景区所有游客人均门票负担和购票游客人均门票负担分别为17.99元和32.14元，其中所有游客人均门票负担较2014年减少14.23元，下降44.17%；购票游客人均门票负担较2014年减少25.22元，下降43.97%，分别低于全国

平均水平 15.18%和 15.69%。此外，2015 年安徽省 A 级景区门票福利共计 21.99 亿元，占全国景区门票福利总额的 4.24%，较上年增长 2.66 亿元，增长 13.76%。

表 4-11　2014～2015 年安徽省 A 级景区分等级人均门票负担及门票福利统计

项目	2014 年	2015 年	增量	增长率/%
所有游客人均门票负担/元	32.22	17.99	−14.23	−44.17
购票游客人均门票负担/元	57.36	32.14	−25.22	−43.97
门票福利/亿元	19.33	21.99	2.66	13.76

景区平均门票价格占居民人均月收入和月消费支出比重：2015 年安徽省城镇、农村及全省居民人均月收入分别为 2245 元、902 元和 1530 元，安徽省城镇、农村居民人均月消费支出为 1436 元和 748 元。A 级景区平均门票价格分别占城镇和农村居民人均月收入的 1.16%、2.88%和 1.70%，分别占城镇和农村居民人均月消费支出的 1.81%、3.48%。与 2014 年相比，平均门票价格占农村居民人均月消费支出的比重降速最快，为 7.45%（表 4-12）。

表 4-12　2014～2015 年安徽省 A 级景区平均门票价格占居民人均月收入和月消费支出比重

（单位：%）

年份	占居民人均月收入比重			占居民人均月消费支出比重		
	城镇	农村	全省	城镇	农村	全省
2014	1.21	3.03	—	1.86	3.76	—
2015	1.16	2.88	1.70	1.81	3.48	—

二、分等级 A 级景区门票价格

从景区等级结构来看，2015 年安徽省 2A 级、3A 级和 4A 级景区相对较多，分别为 150 家、146 家和 137 家，分别占全省 A 级景区总数的 33.86%、32.96%和 30.93%；1A 级和 5A 级景区相对较少，分别为 1 家和 9 家，分别占全省 A 级景区总数的 0.23%和 2.03%。

5A级景区全年平均门票价格最高，为131元；其次是4A级景区，为47元；3A级和2A级景区门票价格分别为18元和10元；1A级景区门票价格最低，为2元。淡旺季平均门票价格同样也以5A级景区最高，淡旺季价格分别为122元和141元；其次是4A级景区，淡旺季价格分别为17元和19元；1A级景区淡旺季平均门票价格最低，均为2元（图4-10）。

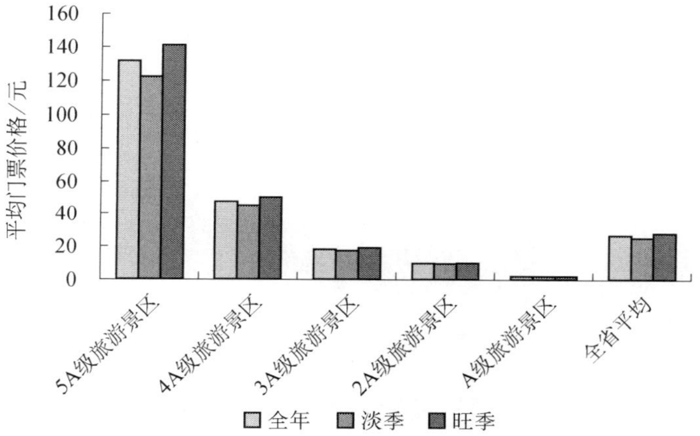

图4-10　2015年安徽省A级景区分等级平均门票价格

三、分类型A级景区门票价格

从景区类型来看，2015年安徽省A级景区以自然景观类景区数量最多，共119家，占全省A级景区总数的26.86%；其次是历史文化类和度假休闲类景区，分别为90家和68家，占比分别为20.32%和15.35%；乡村旅游类和红色旅游类景区分别为43家和32家，分别占比9.71%和7.22%，主题游乐类、工业旅游类以及科技教育类景区相对较少，分别为9家、9家及4家，分别占比为2.03%、2.03%及0.90%。其他类型的景区共计69家，占比15.58%。

全年平均门票价格以主题游乐类景区最高，为91元；其次是自然景观类和科技教育类景区，分别为45元、36元；工业旅游类和红色旅游类景区平均门票价格相对较低，分别为3元和2元。此外，淡季平均门票价格中，主题游乐类景区最高，为83元；其次是自然景观类和科技教育类景区，分别为43元、31元。旺季平均门票价格同样是主题游乐景区最高，为99元；其次是自然景观类和科技教育类景区，分别为47元和41元；工业旅游类和红色旅游类景区淡旺季平均门票价格一致且偏低，分别为3元和2元（图4-11）。

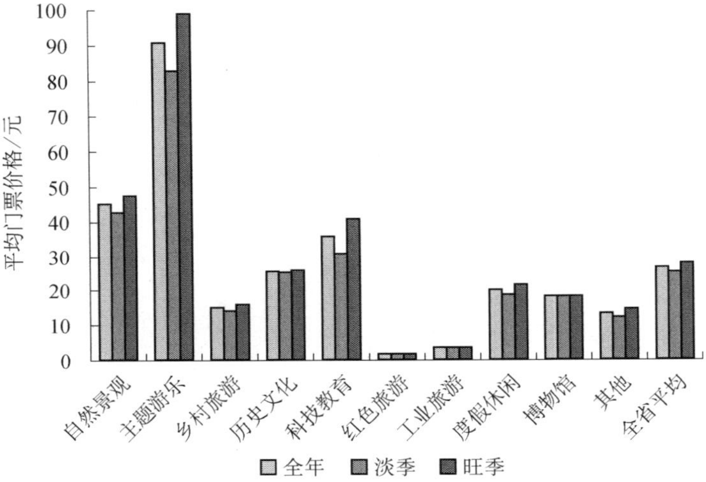

图4-11　2015年安徽省A级景区分类型平均门票价格

四、分体制A级景区门票价格

从景区经营体制来看，2015年安徽省A级景区以企业为经营主体的景区数量最多，共341家，占全省A级景区总数的76.98%；其次是以事业单位为经营主体的景区，共89家，占比为20.09%；以行政单位为经营主体的景区最少，仅13家，占比为2.93%。

全年平均门票价格以企业为经营主体的景区最高，为31元；其次是以事业单位为经营主体的景区，为11元；以行政单位为经营主体的景区平均门票价格最低，仅为2元。淡旺季平均门票价格同样也以企业为经营主体的景区最高，分别为30元和33元；其次是以事业单位为经营主体的景区，分别为10元和12元；以行政单位为经营主体的景区淡旺季平均门票价格最低，均为2元（图4-12）。

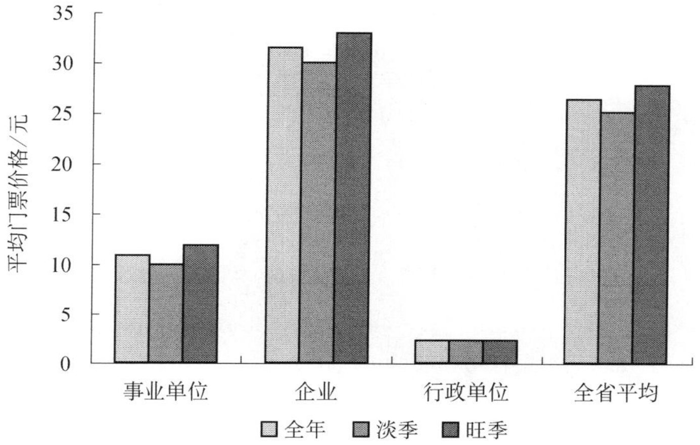

图4-12 2015年安徽省A级旅游景区分体制平均门票价格

第五节 福 建 省

福建省位于中国东南沿海，东北与浙江省毗邻，西北与江西省接界，西南与广东省相连，东隔台湾海峡与台湾地区相望，是中国的主要出海口，也是中国连通世界的重要基地。福建省“依山傍海”，九成陆地面积为丘陵地带，被称为“八山一水一分田”，其海岸线长度居全国第二位，海岸线长达3751.5千米，以侵蚀海岸为主，岛屿星罗棋布，共有1500多个。福建省还是历史上海上丝绸之路、郑和下西洋的起点，也是海上商贸集散地。省内拥有“世界双遗产”武夷山、世界文化遗产福建土楼、世界自然遗产中国丹霞（福建泰宁）等旅游资源，是东南沿海地区的旅游胜地之一。

2015年，福建省共有A级旅游景区188家，其中5A级景区9家，免门票和收门票景区分别为 74 家和 114 家，分别占全省 A 级景区总数的 39.36% 和 60.64%。景区旅游总收入达 60.12 亿元，其中门票收入为 22.34 亿元，占景区旅游总收入的 37.16%。游客接待量共计 1.15 亿人次，其中政策性免票游客和购票游客分别为 4828.08 万人次和 6667.35 万人次，分别占全省 A 级景区游客接待总量的 41.98%和 57.98%。

2015 年，福建省积极响应中国旅游景区协会“5A、4A 级景区带头不涨价”倡议，全省共有 58 家景区承诺不涨价，主要包括以厦门鼓浪屿旅游区、武夷山风景名胜区、三明泰宁旅游区等为代表的 7 家 5A 级景区和莆田九鲤湖旅游区、湄洲岛旅游度假区、莆田九龙谷景区等 51 家 4A 级景区。但仍有部分景区出现涨价现象，如清源山景区门票价格由 55 元（含老君岩、千手岩、奇峰醉月景区）上涨至 70 元。

一、总体价格情况

2015 年，福建省共有 114 家 A 级景区收门票，其中 26 家景区实行淡旺季票价。全省 A 级景区全年平均门票价格为 37 元，较2014 年下降 13.95%，但与全国 A 级景区平均门票价格相比，仍高出 19.35 个百分点。全省 A 级景区淡旺季平均门票价格分别为 35 元和 39 元（表 4-13）。

表 4-13　2014～2015 年福建省 A 级景区全年及淡旺季平均门票价格总体情况

全年平均门票价格			淡季平均门票价格	旺季平均门票价格
2014年	2015年	增长率		
43 元	37 元	−13.95%	35 元	39 元

景区游客人均门票负担及门票福利（表 4-14）：2015 年福建省 A 级景区所有游客人均门票负担和购票游客人均门票负担分别为 19.35 元和 33.36 元，其中所有游客人均门票负担较 2014 年减少 5.19 元，下降 21.15%；购票游客人均门票负担较 2014 年减少 3.91 元，下降 10.49%，分别低于全国平均

水平 8.77 和 12.49 个百分点。此外，2015 年福建省 A 级景区门票福利共计 17.86 亿元，占全国景区门票福利总额的 3.44%，较 2014 年增加 4.52 亿元，增长 33.88%。

表 4-14 2014～2015 年福建省 A 级景区分等级人均门票负担及门票福利统计

项目	2014 年	2015 年	增量	增长率/%
所有游客人均门票负担/元	24.54	19.35	−5.19	−21.15
购票游客人均门票负担/元	37.27	33.36	−3.91	−10.49
门票福利/亿元	13.34	17.86	4.52	33.88

景区平均门票价格占居民人均月收入和月消费支出比重（表 4-15）：2015 年福建省城镇、农村及全省居民人均月收入分别为 2773 元、1149 元和 2117 元，福建省城镇、农村及全省居民人均月消费支出为 1966 元、997 元和 1571 元。A 级景区平均门票价格分别占城镇、农村及全省居民人均月收入的 1.33%、3.22%和 1.75%，分别占城镇、农村及全省居民人均月消费支出的 1.88%、3.71%和 2.36%。与 2014 年相比，平均门票价格占城镇居民人均月收入的比重降速最快，为 8.28%；平均门票价格占全省居民人均月收入的比重降速最慢，为 7.89%。

表 4-15 2014～2015 年福建省 A 级景区平均门票价格占居民人均月收入和月消费支出比重

（单位：%）

年份	占居民人均月收入比重			占居民人均月消费支出		
	城镇	农村	全省	城镇	农村	全省
2014	1.45	3.51	1.90	—	—	—
2015	1.33	3.22	1.75	1.88	3.71	2.36

二、分等级 A 级景区门票价格

从景区等级结构来看，2015 年福建省 4A 级和 3A 级景区数量相对较多，分别为 83 家和 82 家，分别占全省 A 级景区总数的 44.15%和 43.62%；5A 级和 2A 级景区相对较少，分别为 9 家和 14 家，分别占全省 A 级景区总数的 4.79%和 7.45%。

5A 级景区全年平均门票价格最高，为 108 元；其次是 4A 级景区，为 50 元；3A 级和 2A 级景区相对较低，分别为 20 元和 17 元。淡季平均门票价格仍以 5A 级景区最高，为 103 元；其次是 4A 级景区，为 47 元；3A 级和 2A 级景区相对较低，分别为 19 元和 16 元。旺季平均门票价格也以 5A 级景区最高，为 113 元；其次是 4A 级和 3A 级景区，分别为 54 元和 21 元；2A 级景区最低，为 18 元（图 4-13）。

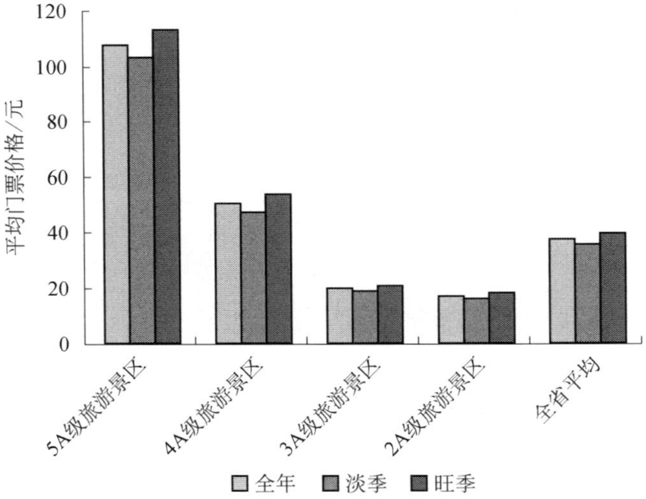

图 4-13 2015 年福建省 A 级景区分等级平均门票价格

三、分类型 A 级景区门票价格

从景区类型来看，2015 年福建省 A 级景区以自然景观类景区数量最多，共 56 家，占全省 A 级景区总数的 29.79%；其次是历史文化类和度假休闲类景区，分别为 39 家和 36 家，占比分别为 20.74%和 19.15%；工业旅游类、红色旅游类和主题游乐类景区相对较少，分别为4家、6家和9家，占比分别为2.13%、3.19%和4.79%；其他类型景区共计38家，占比为20.21%。

除红色旅游类和工业旅游类景区不收门票外，其他类型景区均收门票。其中全年平均门票价格以主题游乐类景区最高，为82元；其次是度假休闲类和自然景观类景区，分别为64元和43元；乡村旅游类和博物馆类景区全年平均门票价格相对较低，分别为13元和22元。此外，淡季平均门票价格仍以主题游乐类景区最高，为76元；其次是度假休闲类和自然景观类景区，分别为60元和40元。旺季平均门票价格也是主题游乐类景区最高，为88元；其次是度假休闲和自然景观类景区，分别为68元和46元（图4-14）。

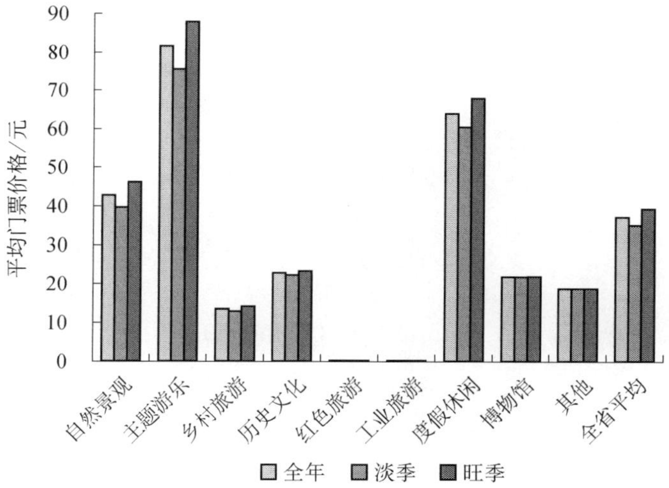

图4-14　2015年福建省A级景区分类型平均门票价格

四、分体制A级景区门票价格

从景区经营体制来看，2015年福建省A级景区以企业为经营主体的景区数量最多，共138家，占全省A级景区总数的73.40%；其次是以事业单位为经营主体的景区，共46家，占比为24.47%；以行政单位为经营主体的景区最少，仅 4 家，占比为 2.13%。

全年平均门票价格以企业为经营主体的景区最高，为 43 元；其次是以行政单位为经营主体的景区，为 27 元；以事业单位为经营主体的景区平均门票价格最低，为 22 元。淡季平均门票价格仍以企业为经营主体的景区最高，为 40 元；其次是以行政单位和事业单位为经营主体的景区，分别为 27 元和 21 元。旺季平均门票价格仍以企业为经营主体的景区最高，为 45 元；其次是以行政单位和事业单位为经营主体的景区，分别为 27 元和 23 元（图 4-15）。

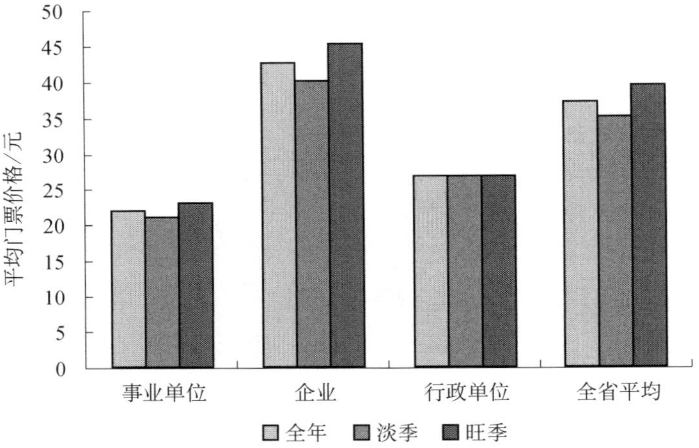

图 4-15　2015 年福建省 A 级旅游景区分体制平均门票价格

第六节　江　西　省

江西省地处中国东南偏中部、长江中下游南岸，古称“吴头楚尾，粤户闽庭”。地理上东邻浙江省、福建省，南连广东省，西靠湖南省，北毗湖北省、安徽省。地形以丘陵、山地为主，境内拥有庐山、三清山等自然景观。

2015年，江西省共有A级旅游景区212家，其中5A级景区8家，免门票和收门票景区分别为98家和114家，分别占全省A级景区总数的46.23%和53.77%。景区旅游总收入达537.07亿元，其中门票收入为47.03元，占景区旅游总收入的8.76%。游客接待量共计1.46亿人次，其中政策性免票游客和购票游客分别为4688.55万人次和9950.77万人次，分别占全省A级景区游客接待总量的32.03%和67.97%。

2015年，江西省积极响应中国旅游景区协会“5A、4A级景区带头不涨价”倡议，全省共有84家A级景区名列首批不涨价景区名单，签署了倡议书，承诺景区门票三年内不涨价。

一、总体价格情况

2015年，江西省共有114家A级景区收门票，其中16家景区实行淡旺季票价。全省A级景区全年平均门票价格为40元，较2014年略有下降，降幅为6.98%，但与全国A级景区平均门票价格相比，仍高出29.03个百分点。全省A级景区淡旺季平均门票价格分别为39元和41元（表4-6）。

表4-16　2014～2015年江西省A级景区全年及淡旺季平均门票价格总体情况

全年平均门票价格			淡季平均门票价格	旺季平均门票价格
2014年	2015年	增长率		
43元	40元	-6.98%	39元	41元

景区游客人均门票负担及门票福利（表4-17）：2015年江西省A级景区所有游客人均门票负担和购票游客人均门票负担分别为32.13元和47.26元，其中所有游客人均门票负担较2014年减少1.09元，下降3.28%；购票游客人均门票负担较2014年增加0.99元，上涨2.14%，两者分别较全国平均水平上涨51.49%和23.98%。此外，2015年江西省A级景区门票福利共计

18.88 亿元，占全国景区门票福利总额的 3.64%，较 2014 年增加 2.57 亿元，增长 15.76%。

表 4-17　2014～2015 年江西省 A 级景区分等级门票负担及门票福利统计

项目	2014 年	2015 年	增量	增长率/%
所有游客人均门票负担/元	33.22	32.13	−1.09	−3.28
购票游人均客门票负担/元	46.27	47.26	0.99	2.14
门票福利/亿元	16.31	18.88	2.57	15.76

景区平均门票价格占居民人均月收入和月消费支出比重（表 4-18）：2015 年，江西省城镇、农村及全省居民人均月收入分别为 2208 元、928 元和 1536 元，江西省城镇、农村及全省居民人均月消费支出分别为 1394 元、707 元和 1034 元。A 级景区平均门票价格分别占城镇、农村及全省居民人均月收入的 1.81%、4.31%和 2.60%，分别占三类居民月消费支出分别的 2.87%、5.66%和 3.87%。与 2014 年相比，所有占比均呈下降态势，其中平均门票价格占农村居民人均月消费支出的比重降速最快，为 17.25%；平均门票价格占城镇居民人均月收入的比重降速最慢，为 14.62%。

表 4-18　2014～2015 年江西省 A 级景区平均门票价格占居民人均月收入和月消费支出比重

（单位：%）

年份	占居民人均月收入比重			占居民人均月消费支出比重		
	城镇	农村	全省	城镇	农村	全省
2014	2.12	5.10	3.08	3.41	6.84	4.65
2015	1.81	4.31	2.60	2.87	5.66	3.87

二、分等级 A 级景区门票价格

从景区等级结构来看，2015 年江西省 3A 级和 4A 级景区相对较多，分别为 84 家和 78 家，分别占全省 A 级景区总数的 39.62%和 36.79%；2A 级和 5A 级景区相对较少，分别为 42 家和 8 家，占比分别为 19.81%和 3.77%。

各等级A级景区全年平均门票价格以5A级景区最高，为136元；其次是4A级和3A级景区，分别为67元、22元，2A级景区最低，仅6元。淡旺季平均门票价格同样也以5A级景区最高，分别为131元和142元；其次是4A级景区，分别为66元和68元；2A级景区淡旺季平均门票价格最低，分别为6元和7元（图4-16）。

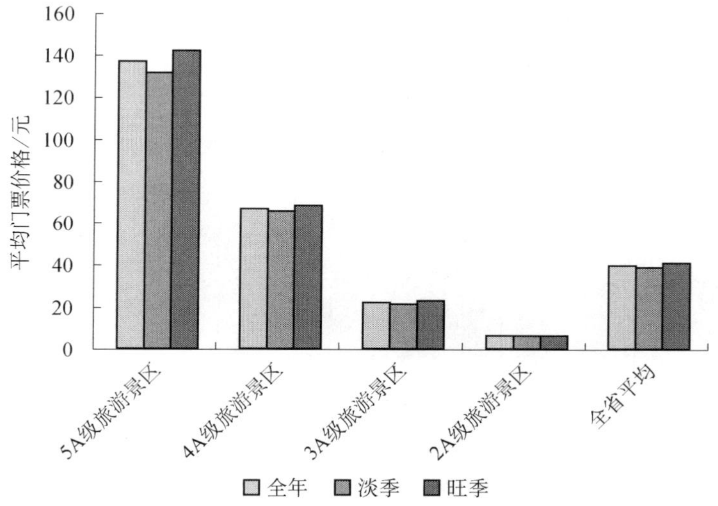

图4-16 2015年江西省A级景区分等级平均门票价格

三、分类型A级景区门票价格

从景区类型来看，2015年江西省A级景区以自然景观类景区数量最多，共51家，占全省A级景区总数的24.06%；其次是历史文化类、乡村旅游类和度假休闲类景区，分别为35家、33家和32家，占比分别为16.51%、15.57%和15.09%；科技教育类和工业旅游类景区相对较少，分别为2家和6家，占比分别为0.94%和2.83%；其他类型景区共计53家，占比为25.00%。

各类型A级景区全年平均门票价格（图4-17）以主题游乐类和自然景观类景区最高，均为68元；其次是度假休闲类和乡村旅游类景区，分别为52元和38元；工业旅游类和红色旅游类景区全年平均门票价格相对较低，分别为7元和14元；科技教育类和博物馆类景区平均门票价格为零。此外，淡季平均门票价格以自然景观类景区最高，为67元；其次是主题游乐类和度假休闲类景区，分别为64元和52元。旺季平均门票价格以主题游乐类景区最高，为73元；其次是自然景观类和度假休闲类景区，分别为70元和52元；科技教育类和博物馆类景区的淡旺季平均门票价格也均为零。

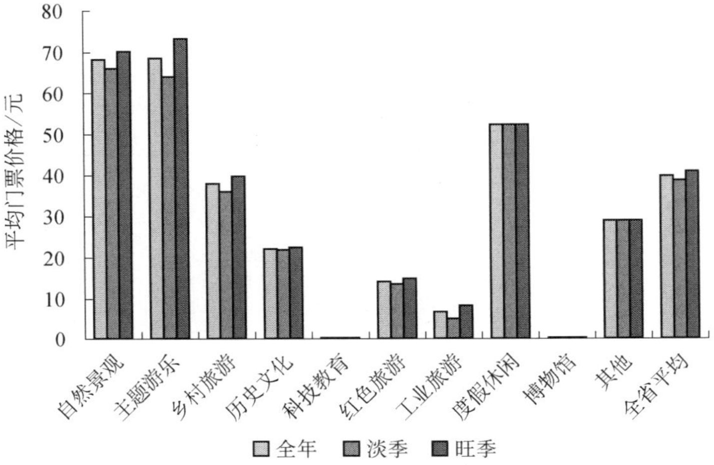

图 4-17　2015 年江西省 A 级景区分类型平均门票价格

四、分体制 A 级景区门票价格

从景区经营体制来看，2015 年江西省 A 级景区以企业为经营主体的景区数量最多，共 149 家，占全省 A 级景区总数的 70.28%；其次是以事业单位为经营主体的景区，共 55 家，占比为 25.94%；以行政单位为经营主体的景区最少，仅 8 家，占比为 3.77%。

各经营体制 A 级景区全年平均门票价格（图 4-18）以行政单位为经营主体的景区最高，为 58 元，其次是企业为经营主体的景区，为 44 元；以事业单位为经营主体的景区全年平均门票价格最低，为 24 元。淡旺季平均门票价格同样也以行政单位为经营主体的景区最高，均为 58 元；其次是以企业为经营主体的景区，分别为44元和45元；以事业单位为经营主体的景区淡旺季平均门票价格最低，分别为23元和25元。

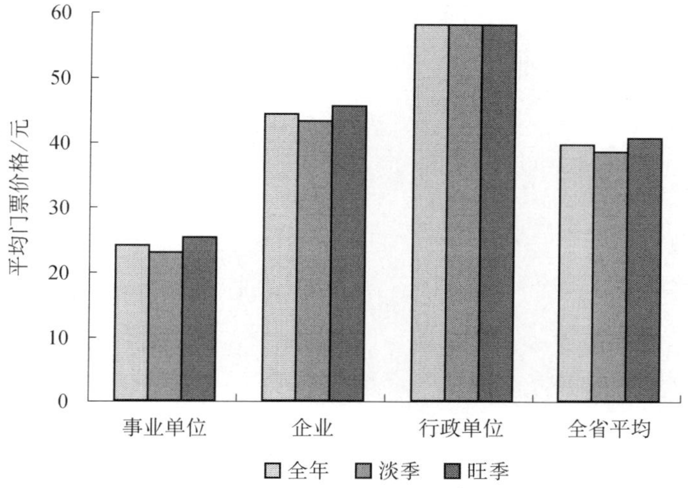

图4-18　2015年江西省A级旅游景区分体制平均门票价格

第七节　山　东　省

山东省地处华东沿海、黄河下游，是华东地区的最北端省份。西部连接内陆，从北向南分别与河北省和河南省接壤，东临黄海，北隔渤海海峡与辽东半岛相对，南接安徽省、江苏省，是中国经济强省和农业大省。山东省也是儒家文化发源地，境内拥有泰山、“三孔”、齐长城等世界自然、文化遗产。

2015年，山东省共有A级旅游景区795家，其中5A级景区9家，免门票和收门票景区分别为342家和453家，分别占全省A级景区总数的43.02%和56.98%。景区旅游总收入达226.36亿元，其中门票收入为61.96亿元，占景区旅游总收入的27.37%。游客接待量共计3.39亿人次，其中政策性免票游客和购票游客分别为17 054.54万人次和16 839.65万人次，分别占全省A级景区游客接待总量的50.32%和49.68%。

2015年，山东省191家A级景区积极支持响应中国旅游景区协会“5A、4A级景区带头不上涨门票价格”倡议，其中9家5A级景区，182家4A级景区。青岛市共计21家A级景区在列，包括崂山风景区、青岛海滨风景区、青岛极地海洋世界、青岛啤酒博物馆、青岛市奥帆中心旅游区、青岛葡萄酒博物馆、青岛金沙滩景区、青岛野生动物世界等。

一、总体价格情况

2015年，山东省共有453家A级景区收门票，其中115家景区票价实行淡旺季。全省A级景区全年平均门票价格为27元，较2014年略有下降，降幅为10.00%，且与全国A级景区平均门票价格相比，仍低出12.90个百分点。全省A级景区淡旺季平均门票价格分别为25元和29元（表4-19）。

表4-19 2014～2015年山东省A级景区全年及淡旺季平均门票价格总体情况

全年平均门票价格			淡季平均门票价格	旺季平均门票价格
2014年	2015年	增长率		
30元	27元	−10.00%	25元	29元

景区游客人均门票负担及门票福利（表4-20）：2015年，山东省A级景区所有游客人均门票负担和购票游客人均门票负担分别为18.28元和36.79元，其中所有游客人均门票负担较2014年减少5.71元，下降23.80%；购票游客人均门票负担较2014年减少1.46元，下降3.82%，分别低于全国平均水平13.81%和3.49%。此外，2015年山东省A级景区门票福利共计46.05亿元，占全国景区门票福利总额的8.87%，较2014年增长17.18亿元，增长59.51%。

表 4-20　2014～2015 年山东省 A 级景区分等级门票负担及门票福利统计

项目	2014 年	2015 年	增量	增长率/%
所有游客人均门票负担/元	23.99	18.28	−5.71	−23.80
购票游客人均门票负担/元	38.25	36.79	−1.46	−3.82
门票福利/亿元	28.87	46.05	17.18	59.51

景区平均门票价格占居民人均月收入和月消费支出比重（表 4-21）：2015 年山东省城镇、农村及全省居民人均月收入分别为 2629 元、1075 元和 1892 元，山东省城镇、农村及全省居民人均月消费支出为 1655 元、729 元和 1215 元。A 级景区平均门票价格分别占城镇、农村及全省居民人均月收入的 1.03%、2.51%和 1.43%，分别占城镇和农村居民人均月消费支出的 1.63%、3.70%和 2.22%。与 2014 年相比，平均门票价格占农村居民人均月消费支出的比重降速最快，为 18.14%；平均门票价格占城镇居民人均月收入的比重降速最慢，为 16.26%。

表 4-21　2014～2015 年山东省 A 级景区平均门票价格占居民人均月收入和月消费支出比重

（单位：%）

年份	占居民人均月收入比重			占居民人均月消费支出比重		
	城镇	农村	全省	城镇	农村	全省
2014	1.23	3.03	1.73	1.96	4.52	—
2015	1.03	2.51	1.43	1.63	3.70	2.22

二、分等级 A 级景区门票价格

从景区等级结构来看，2015 年山东省 3A 级景区数量最多，为 347 家，占全省 A 级景区总数的 43.65%；其次是 4A 级和 2A 级景区，分别为 186 家和 250 家，分别占全省 A 级景区总数的 23.40%和 31.45%；5A 级和 1A 级景区数量相对较少，分别为 9 家和 3 家，分别占全身 A 级景区总数的 1.13%和 0.38%。

5A 级景区全年平均门票最高，为 140 元，其次是 4A 级景区，为 55 元，3A 级景区平均门票价格为 20 元，2A 级和 1A 级景区平均门票价格相对较低，分别为 12 元和 13 元。淡季平均门票价格同样也以 5A 级景区最高，为 133 元，其次是 4A 级景区，为 51 元，2A 级景区最低，为 12 元；旺季门票价格以 5A 级景区最高，为 148 元，其次是 4A 级景区，为 59 元，2A 和 1A 级景区价格最低，均为 13 元（图 4-19）。

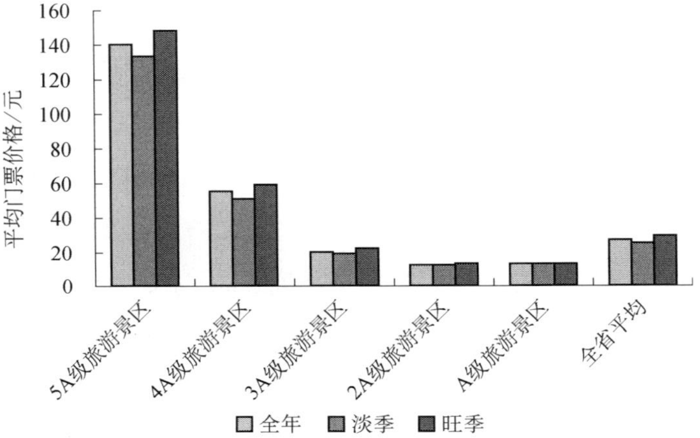

图 4-19　2015 年山东省 A 级景区分等级平均门票价格

三、分类型 A 级景区门票价格

从景区类型来看，2015 年山东省 A 级景区以自然景观类景区数量最多，共 189 家，占全省 A 级景区总数的 23.77%；其次是度假休闲类和历史文化类景区，分别为 154 家和 135 家，占比分别为 19.37%和 16.98%；乡村旅游类景区为 100 家，占比为 12.58%；博物馆类和主题游乐类景区分别为 50 家和 47 家，占比分别为 6.29%和 5.91%；红色旅游类和工业旅游类景区数量同为 26 家，占比均为 3.27%；科技教育类景区最少，为 10 家，占比为 1.26%；其他类型景区共计 158 家，占比为 19.87%。

全年平均门票价格以科技教育类景区最高，为 50 元；主题游乐类价格紧随其后，为49元；自然景观类和度假休闲类景区，分别为33元和29元；工业旅游类景区平均门票价格最低，仅为11元。淡季平均门票价格中以科技教育类景区最高，为50元；其次是主题游乐类景区，为46元；自然景观和度假休闲类景区，分别为31元和27元；工业旅游类景区价格最低，为11元。旺季平均门票价格以主题游乐类景区最高，为53元；其次是科技教育类景区，为51元；自然景观和度假休闲类景区，分别为35元和31元；工业旅游类景区旺季平均门票价格最低，为12元（图4-20）。

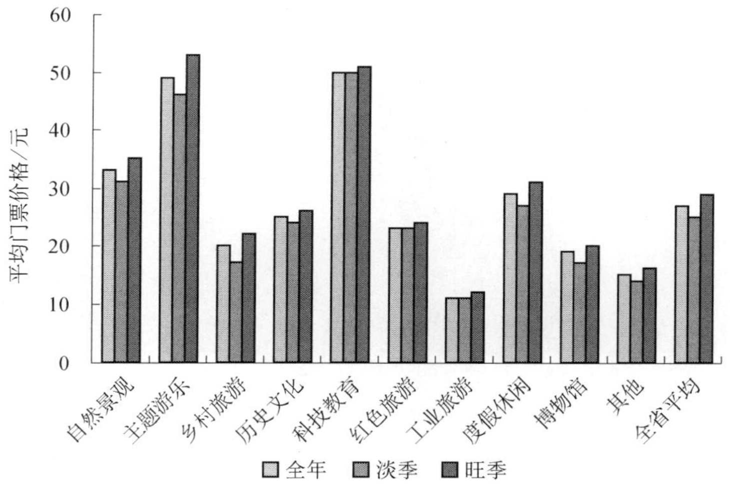

图4-20　2015年山东省A级景区分类型平均门票价格

四、分体制A级景区门票价格

从景区经营体制来看，2015年山东省A级景区以企业为经营主体的景区数量最多，共558家，占全省A级景区总数的70.19%；其次是以事业单位为经营主体的景区，共220家，占比为27.67%；以行政单位为经营主体的景区较少，为16家，占比为2.01%；以部队为经营主体的景区最少，仅1家，占比为0.13%。

全年平均门票价格以部队为经营主体的景区最高，为50元；其次是以企业和事业单位为经营主体的景区，分别为 30 元和 20 元；以行政单位为经营主体的景区价格最低，为 16 元。淡季平均门票价格以部队为经营主体的景区最高，为 50 元；其次是以企业为经营主体的景区，为 28 元；以事业单位和行政单位为经营主体的景区相对较低，分别为 19 元和 15 元。旺季平均门票价格同样以部队为经营主体的景区最高，为 50 元；以企业和事业单位为经营主体的景区紧随其后，分别为 32 元和 21 元；以行政单位为经营主体的景区最低，为 17 元（图 4-21）。

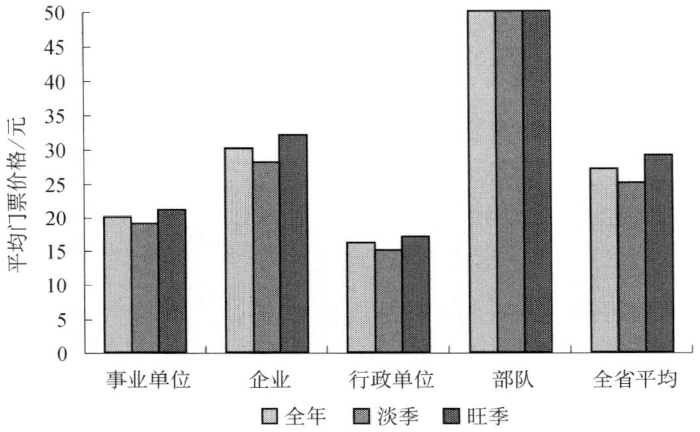

图 4-21　2015 年山东省 A 级旅游景区分体制平均门票价格

第五章

中南片区 A 级景区门票价格情况

中南片区主要包括广东省、海南省、河南省、湖北省、湖南省和广西壮族自治区。中南片区旅游资源丰富，旅游景区数量较多，A 级景区 1397 家，其中 5A 级景区 48 家，拥有龙门石窟、安阳殷墟、“天地之中”历史建筑群、武当山古建筑群、神农架等世界级旅游资源。该片区 A 级景区全年平均门票价格为 44 元，其中海南省最高，为 55 元，高于全区 A 级景区平均票价 25.00 个百分点。河南省平均门票价格最低，为 36 元，低于全区平均票价 18.18 个百分点。

第一节　广　东　省

广东省位于中国大陆最南部，东邻福建，北接江西、湖南，西连广西，南临南海，是中国南端的交通中心和经济中心之一。广东省外来人口众多，民族多样、历史文化内涵丰富，也是岭南文化的重要传承地。广东省自然人文资源丰富，拥有开平碉楼与村落、中国丹霞（韶关丹霞山）两处世界自然、文化遗产，也拥有广州中山纪念堂、客家博物馆等旅游景点。

2015 年，广东省共有 A 级旅游景区 286 家，其中 5A 级景区 11 家，免门票和收门票景区分别为 74 家和 212 家，分别占全省 A 级景区总数的 25.87%和 74.13%。景区旅游总收入达 137.14 亿元，其中门票收入为 59.92 亿元，占景区旅游总收入的 43.69%。游客接待量共计 1.97 亿人次，其中政策性免票游客和购票游客分别为 7676.60 万人次和 11987.14 万人次，分别占全省 A 级景区游客接待总量的 39.04%和 60.96%。

2015 年，广东省积极响应中国旅游景区协会“5A、4A 景区带头不涨价”倡议，全省共有 63 家 A 级景区签订该协议，承诺三年内不涨价。

一、总体价格情况

2015 年，广东省共有 212 家 A 级景区收门票，其中 32 家景区实行淡旺季票价。全省 A 级景区全年平均门票价格为 45 元，较 2014 年略有上涨，增幅为 2.27%，与全国 A 级景区平均门票价格相比，高出 45.16 个百分点。全省 A 级景区淡旺季平均门票价格分别为 44 元和 47 元（表 5-1）。

表 5-1　2014～2015 年广东省 A 级景区全年及淡旺季平均门票价格总体情况

全年平均门票价格			淡季平均门票价格	旺季平均门票价格
2014年	2015年	增长率		
44 元	45 元	2.27%	44 元	47 元

景区游客人均门票负担及门票福利（表 5-2）：2015 年广东省 A 级景区所有游客人均门票负担和购票游客人均门票负担分别为 30.47 元和 49.99 元，其中所有游客人均门票负担较 2014 年增加 1.54 元，增长 5.32%，购票

游客人均门票负担较 2014 年增加 9.69 元，增长 24.04%，分别高于全国平均水平 43.66 和 31.14 个百分点。此外，2015 年广东省 A 级景区门票福利共计 34.54 亿元，占全国景区门票福利总额的 6.65%，较 2014 年增加 11.84 亿元，增长 52.16%。

表 5-2　2014～2015 年广东省 A 级景区分等级人均门票负担及门票福利统计

项目	2014 年	2015 年	增量	增长率/%
所有游客人均门票负担/元	28.93	30.47	1.54	5.32
购票游客人均门票负担/元	40.30	49.99	9.69	24.04
门票福利/亿元	22.70	34.54	11.84	52.16

景区平均门票价格占居民人均月收入比重（表 5-3）：2015 年，广东省城镇、农村及全省居民人均月收入分别为 2896 元、1113 元和 2322 元，A 级景区平均门票价格分别占城镇、农村及全省居民人均月收入的 1.55%、4.04%和 1.94%。与 2014 年相比，平均门票价格占城镇居民人均月收入的比重降速最快，为 29.22%；平均门票价格占全省居民人均月收入的比重降速最慢，为 7.62%。

表 5-3　2014～2015 年广东省 A 级景区平均门票价格占居民人均月收入和月消费支出比重

（单位：%）

年份	占居民人均月收入比重			居民消费支出		
	城镇	农村	全省	城镇	农村	全省
2014	2.19	4.41	2.10	—	—	—
2015	1.55	4.04	1.94	—	—	—

二、分等级 A 级景区门票价格

从景区等级结构来看，2015 年广东省 4A 级和 3A 级景区数量相对较多，分别为 158 家和 104 家，分别占全省 A 级景区总数的 55.24%和

36.36%；5A 级和 1A 级景区相对较少，分别为 11 家和 13 家，占比分别为 3.85%和 4.55%。

5A 级景区全年平均门票价格最高，为 109 元；其次是 4A 级和 3A 级景区，分别为 58 元和 24 元；2A 级景区最低，为 8 元。淡季平均门票价格仍以 5A 级景区最高，为 110 元；其次是 4A 级景区，为 56 元。旺季平均门票价格也以 5A 级景区最高，为 110 元；其次是 4A 级和 3A 级景区，分别为 60 元和 25 元；2A 级景区最低，为 8 元（图 5-1）。

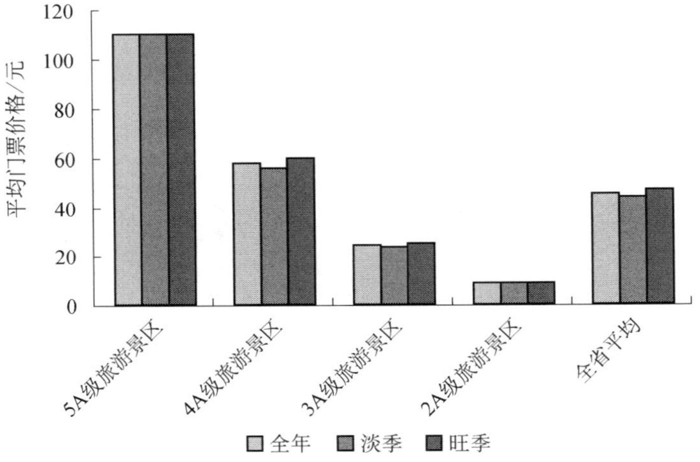

图 5-1　2015 年广东省 A 级景区分等级平均门票价格

三、分类型 A 级景区门票价格

从景区类型来看，2015 年广东省 A 级景区以度假休闲类景区数量最多，共 81 家，占全省 A 级景区总数的 28.32%；其次是自然景观类和历史文化类景区，分别为 62 家和 49 家，占比分别为 21.68%和 17.13%；红色旅游类、科技教育类、乡村旅游类和工业旅游类景区相对较少，分别为 7 家、10 家、12 家和 12 家，占比分别为 2.45%、3.50%、4.20%和 4.20%；其他类型景区共计 53 家，占比为 18.53%。

全年平均门票价格以主题游乐类景区最高，为 102 元，其次是度假休闲类和自然景观类景区，分别为 71 元和 42 元，红色旅游和乡村旅游类景区全年平均门票价格相对较低，分别为 1 元和 13 元。此外，淡季平均门票价格仍以主题游乐类景区最高，为 101 元，其次度假休闲类景区，为 67 元，自然景观、历史文化紧随其后，分别为 42 元和 23 元。旺季平均门票价格也是主题游乐类景区最高，为 103 元，其次是度假休闲类和自然景观类景区，分别为 75 元和 43 元（图 5-2）。

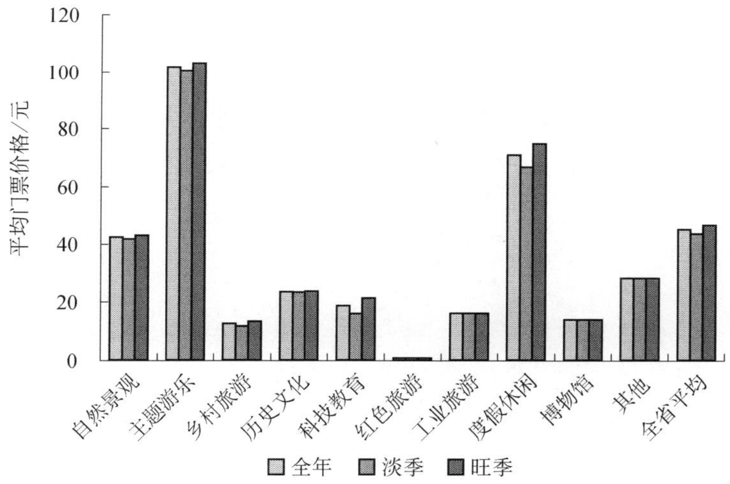

图 5-2　2015 年广东省 A 级景区分类型平均门票价格

四、分体制 A 级景区门票价格

从景区经营体制来看，2015 年广东省 A 级景区以企业为经营主体的景区数量最多，共 206 家，占全省 A 级景区总数的 72.03%；其次是以事业单位为经营主体的景区，共 78 家，占比为 27.27%；以行政单位为经营主体的景区最少，仅 2 家，占比为 0.70%。

全年平均门票价格以行政单位为经营主体的景区最高，为 65 元；其次是以企业为经营主体的景区，55 元；以事业单位为经营主体的景区平均门票价格最低，为 19 元。淡季平均门票价格仍以行政单位为经营主体的景区最高，为 65 元；其次是以企业和事业单位为经营主体的景区，分别为 53 元和 19 元；以行政单位为经营主体的景区淡旺季平均门票价格最低，均为 10 元。旺季平均门票价格以行政单位和企业为经营主体的景区相对较高，分别为 65 元和 57 元；其次是以事业单位为经营主体的景区，为 20 元（图 5-3）。

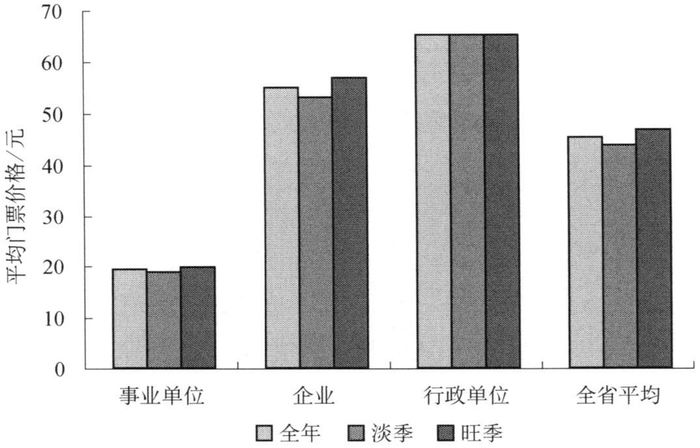

图 5-3　2015 年广东省 A 级旅游景区分体制平均门票价格

第二节　海　南　省

海南省位于中国最南端，是中国海域面积最大的省份。海南省北以琼州海峡与广东省划界，西临北部湾与广西壮族自治区、越南相对，东隔南海与台湾省相望，东南和南边与菲律宾、文莱和马来西亚为邻，是西南地区走向世界的前沿，也是开发南海海洋资源的基地。

2015年，海南省共有A级旅游景区55家，其中5A级景区5家，免门票和收门票景区分别为10家和45家，分别占全省A级景区总数的18.18%和81.82%。景区旅游总收入达26.38亿元，其中门票收入为12.35亿元，占景区旅游总收入的46.82%。游客接待量共计0.33亿人次，其中政策性免票游客和购票游客分别为743.54万人次和2596.32万人次，分别占全省A级景区游客接待总量的22.26%和77.74%。

2015年，海南省许多景区逐步摆脱“门票经济”依赖，不断实行门票价格优惠政策。每年5～9月海南景区景点门票价格优惠10%～20%。同时各景区还结合抗日战胜胜利70周年、教师节等节日，推出特色活动向游客提供优惠。

一、总体价格情况

2015年，海南省共有45家A级景区收门票，其中18家景区票价实行淡旺季。全省A级景区全年平均门票价格为55元，较2014年略有下降，降幅为5.17%，但与全国A级景区平均门票价格相比，仍高出77.42个百分点。全省A级景区淡旺季平均门票价格分别为50元和59元（表5-4）。

表5-4　2014～2015年海南省A级景区全年及淡旺季平均门票价格总体情况

全年平均门票价格			淡季平均门票价格	旺季平均门票价格
2014年	2015年	增长率		
58元	55元	−5.17%	50元	59元

景区游客人均门票负担及门票福利（表5-5）：2015年海南省A级景区所有游客人均门票负担和购票游客人均门票负担分别为36.98元和47.57元，其中所有游客人均门票负担较2014年减少8.5元，降低18.69%；购票游客人均门票负担较2014年减少2.53元，下降5.05%，分别高于全国平均水平74.35%和24.79%。此外，2015年海南省A级景区门票福利共计4.09亿

元，占全国景区门票福利总额的 0.79%，较 2014 年增长 2.64 亿元，增长 182.07%。

表 5-5　2014～2015 年海南省 A 级景区分等级人均门票负担及门票福利统计

项目	2014 年	2015 年	增量	增长率/%
所有游客人均门票负担/元	45.48	36.98	−8.50	−18.69
购票游客人均门票负担/元	50.10	47.57	−2.53	−5.05
门票福利/亿元	1.45	4.09	2.64	182.07

景区平均门票价格占居民人均月收入和月消费支出比重（表 5-6）：2015 年海南省城镇、农村及全省居民人均月收入分别为 2196 元、905 元和 1582 元，A 级景区平均门票价格分别占城镇、农村及全省居民人均月收入的 2.50%、6.08%和 3.48%。与 2014 年相比，平均门票价格占农村居民人均月收入的比重降速最快，为 13.39%；平均门票价格占城镇居民人均月收入比重降速最慢，为 11.97%。

表 5-6　2014～2015 年海南省 A 级景区平均门票价格占居民人均月收入和月消费支出比重

（单位：%）

年份	占居民人均月收入比重			占居民人均月消费支出比重		
	城镇	农村	全省	城镇	农村	全省
2014	2.84	7.02	3.98	—	—	—
2015	2.50	6.08	3.48	—	—	—

二、分等级 A 级景区门票价格

从景区等级结构来看，2015 年海南省 3A 级景区数量最多，为 29 家，占全省 A 级景区总数的 52.73%；其次是 4A 级景区，共 16 家，占全省 A 级景区总数的 29.09%；5A 级和 2A 级景区数量相对较少，均为 5 家，均占全省 A 级景区总数的 9.09%。

5A 级景区全年平均门票最高，为 102 元；其次是 4A 级景区，为 78 元，3A 级和 2A 级景区平均门票价格分别为 40 元和 15 元。淡季平均门票价格同样也以 5A 级景区最高，为 94 元，其次是 4A 级景区，为 74 元，3A 级景区为 35 元，2A 景区最低，为 13 元；旺季门票价格以 5A 级景区最高，为 106 元，其次是 4A 级景区，为 74 元，2A 级门票价格最低，为 13 元（图 5-4）。

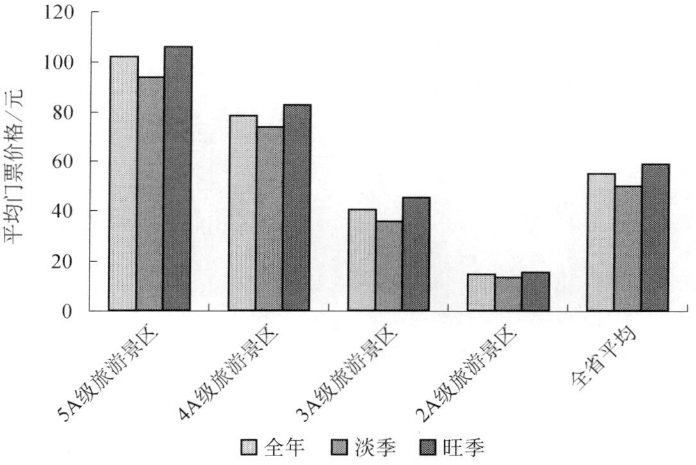

图 5-4　2015 年海南省 A 级景区分等级平均门票价格

三、分类型 A 级景区门票价格

从景区类型来看，2015 年海南省 A 级景区以自然景观类景区数量最多，共 16 家，占全省 A 级景区总数的 29.09%；其次是度假休闲类和历史文化类景区，分别为 8 家和 7 家，占比分别为 14.55% 和 12.73%；主题游乐类和乡村旅游类景区均为 4 家，占比均为 7.27%；红色旅游类和博物馆类景区最少，均为 1 家，占比均为 1.82%；其他类型景区共计 14 家，占比 25.45%。

全年平均门票价格以乡村旅游类景区最高，为 78 元；其次是度假休闲类和自然景观类景区，分别为 65 元和 64 元；博物馆类景区免票，除博物馆类景区外，景区平均门票价格最低的是红色旅游类景区，为 33 元，且淡旺季价格一致。此外，淡季平均门票价格中以乡村旅游类景区最高，为 77 元；其次是度假休闲类和自然景观类景区，分别为 64 元和 56 元；除免票的博物馆类景区外，平均门票价格最低的是红色旅游类景区，为 33 元。旺季平均门票价格同样是乡村旅游类景区最高，为 80 元；其次是自然景观类和度假休闲类景区，分别为 72 元和 67 元；除博物馆类景区免票外，平均门票价格最低的是红色旅游类景区，为 33 元（图 5-5）。

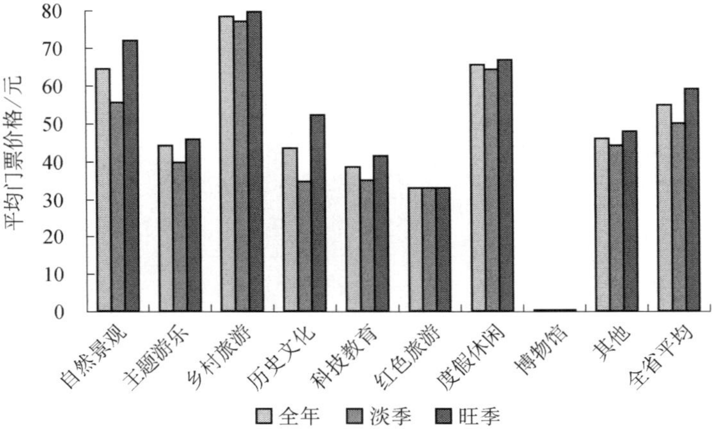

图 5-5　2015 年海南省 A 级景区分类型平均门票价格

四、分体制 A 级景区门票价格

从景区经营体制来看，2015 年海南省 A 级景区以企业为经营主体的景区数量最多，共 49 家，占全省 A 级景区总数的 89.09%；其次是以事业单位为经营主体的景区，共 6 家，占比为 10.91%；没有以行政单位为经营主体的景区。

全年平均门票价格以企业为经营主体的景区最高，为 58 元；以事业单位为经营主体的景区为 29 元。淡季平均门票价格同样也以企业为经营主体的景区最高，为 52 元；以事业单位为经营主体的景区为 29 元。旺季平均门票价格以企业为经营主体的景区最高，为62元；以事业单位为经营主体的景区为30元（图5-6）。

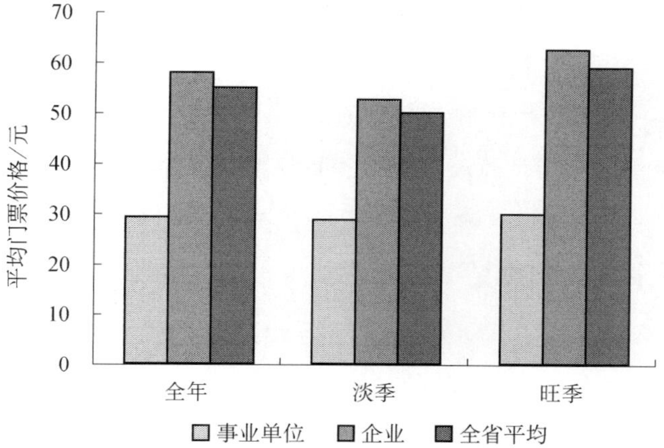

图5-6 2015年海南省A级旅游景区分体制平均门票价格

第三节 河 南 省

河南省古称中原、豫州、中州，位于中国中东部、黄河中下游，东接安徽省、山东省，北接河北省、山西省，西连陕西省，南临湖北省，呈望北向南、承东启西之势。河南省是中华民族与中华文明的主要发祥地之一，中国古代四大发明中的指南针、造纸、火药三大技术均发明于河南。历史上先后有20多个朝代建都或迁都河南，诞生了洛阳、开封、安阳、郑州等古都，为中国古都数量最多、最密集的省份。河南文物古迹众多，旅游资源丰富，境内拥有龙门石窟、安阳殷墟、“天地之中”历史建筑群、中国大运河及丝绸之路等旅游景点。

2015年，河南省共有A级旅游景区249家，其中5A级景区11家，免门票和收门票景区分别为79和170家，分别占全省A级景区总数的31.73%

和 68.27%。景区旅游总收入达 82.91 亿元，其中门票收入为 29.11 亿元，占景区旅游总收入的 35.11%。游客接待量共计 1.32 亿人次，其中政策性免票游客和购票游客分别为 5031.56 万人次和 8153.08 万人次，分别占全省 A 级景区游客接待总量的 38.16%和 61.84%。

2015 年，河南省积极响应中国旅游景区协会“5A、4A 景区带头不涨价”倡议，全省共有 51 家 A 级景区签订该协议，承诺三年内不涨价。

一、总体价格情况

2015 年，河南省共有 170 家 A 级景区收门票，其中 31 家景区实行淡旺季票价。全省 A 级景区全年平均门票价格为 36 元，较 2014 年略有下降，降幅为 2.70%，但与全国 A 级景区平均门票价格相比，仍高出 16.13 个百分点。全省 A 级景区淡旺季平均门票价格分别为 34 元和 38 元（表 5-7）。

表 5-7　2014～2015 年河南省 A 级景区全年及淡旺季平均门票价格总体情况

全年平均门票价格			淡季平均门票价格	旺季平均门票价格
2014 年	2015 年	增长率		
37 元	36 元	-2.70%	34 元	38 元

景区游客人均门票负担及门票福利（表 5-8）：2015 年河南省 A 级景区所有游客人均门票负担和购票游客人均门票负担分别为 22.08 元和 35.71 元，其中所有游客人均门票负担较 2014 年减少 4.74 元，下降 17.67%；购票游客人均门票负担较 2014 年减少 5.47 元，下降 13.28%。所有游客人均门票负担高于全国平均水平 4.10 个百分点，购票游客人均门票负担低于全国平均水平 6.32 个百分点。此外，2015 年河南省 A 级景区门票福利共计 18.11 亿元，占全国景区门票福利总额的 3.49%，较 2014 年增加 2.01 亿元，增长 12.48%。

景区平均门票价格占居民人均月收入和月消费支出比重（表 5-9）：2015

年河南省城镇、农村及全省居民人均月收入分别为2131元、904元和1427元，河南省城镇、农村及全省居民人均月消费支出为1430元、657元和986元。A级景区平均门票价格分别占城镇、农村及全省居民人均月收入的1.69%、3.98%和2.52%，分别占城镇、农村及全省居民人均月消费支出的2.52%、5.48%和3.65%。与2014年相比，平均门票价格占农村居民人均月消费支出的比重降速最快，为18.33%；平均门票价格占城镇居民人均月收入的比重降速最慢，为4.52%。

表5-8　2014～2015年河南省A级景区分等级人均门票负担及门票福利统计

项目	2014年	2015年	增量	增长率/%
所有游客人均门票负担/元	26.82	22.08	−4.74	−17.67
购票游客人均门票负担/元	41.18	35.71	−5.47	−13.28
门票福利/亿元	16.10	18.11	2.01	12.48

表5-9　2014～2015年河南省A级景区平均门票价格占居民人均月收入和月消费支出比重

（单位：%）

年份	占居民人均月收入比重			占居民人均月消费支出比重		
	城镇	农村	全省	城镇	农村	全省
2014	1.77	4.59	2.75	2.75	6.71	3.93
2015	1.69	3.98	2.52	2.52	5.48	3.65

二、分等级A级景区门票价格

从景区等级结构来看，2015年河南省3A级景区数量最多，为102家，占全省A级景区总数的40.96%；其次是4A级和2A级景区，分别为69家和67家，占比分别为27.71%和26.91%；5A级景区最少，为11家，占比4.42%。

5A级景区全年平均门票价格最高，为135元，其次是4A和3A级景区，分别为 54 元和 29 元，2A 级景区最低，为 12 元。淡季平均门票价格同样也以 5A 级景区最高，为 134 元；其次是 4A 级和 3A 级景区，分别为 50 元和 29 元。旺季平均门票价格也以 5A 级景区最高，为 135 元；其次是 4A 级景区，为 57 元；2A 级景区最低，为 14 元（图 5-7）。

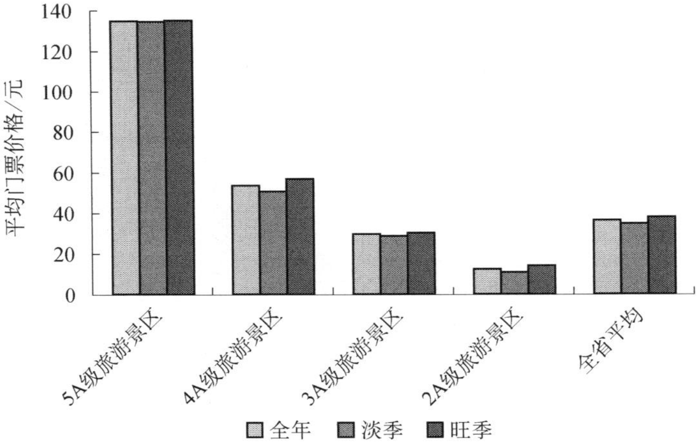

图 5-7　2015 年河南省 A 级景区分等级平均门票价格

三、分类型 A 级景区门票价格

从景区类型来看，2015 年河南省 A 级景区以自然景观和历史文化两类传统景区数量较多，分别为 73 家和 64 家，分别占全省 A 级景区总数的 29.32%和 25.70%；其次是度假休闲类和博物馆类景区，分别为 27 家和 25 家，占比分别为 10.84%和 10.04%；科技教育类和乡村旅游类景区相对较少，分别为 1 家和 9 家，占比分别为 0.40%和 3.61%；其他类型景区共计 50 家，占比 20.08%。

全年平均门票价格以科技教育类景区最高，为 70 元；其次是自然景观类和度假休闲类景区，分别为 50 元和 43 元；红色旅游类和博物馆类景区全年平均门票价格相对较低，分别为 7 元和 11 元。此外，淡季平均门票价格同样以科技教育类景区最高，为 70 元；其次是自然景观和度假休闲类景区，分别为 48 元和 41 元。旺季平均门票价格还是科技教育类景区最高，为 70 元；其次是自然景观类景区，为 52 元，红色旅游类景区最低，为 7 元（图 5-8）。

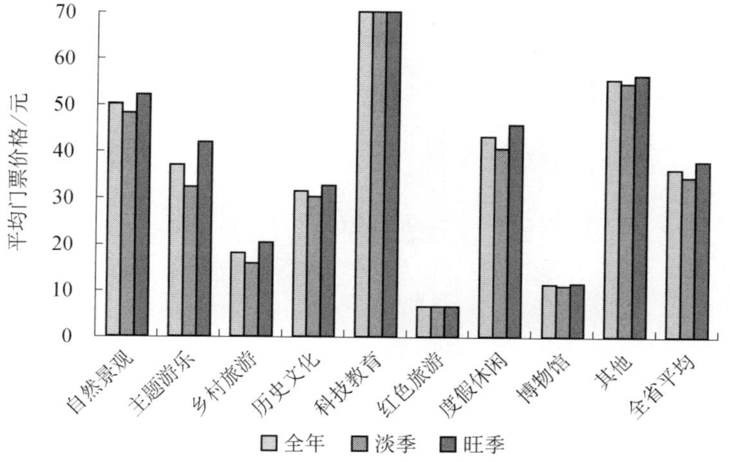

图 5-8　2015 年河南省 A 级景区分类型平均门票价格

四、分体制 A 级景区门票价格

从景区经营体制来看，2015 年河南省 A 级景区以企业为经营主体的景区数量最多，共 152 家，占全省 A 级景区总数的 61.04%；其次是以事业单位为经营主体的景区，共 94 家，占比为 37.75%；以行政单位为经营主体的景区数量最少，仅 3 家，占比为 1.20%。

以企业为经营主体的景区全年平均门票价格最高，为 42 元；其次是以事业单位为经营主体的景区，为 27 元；以行政单位为经营主体的景区最低，为 17 元。淡季平均门票价格仍以企业为经营主体的景区最高，为 40 元；其次是以事业单位和行政单位为经营主体的景区，分别为 26 元和 15 元。旺季平均门票价格也是以企业为经营主体的景区最高，为 44 元；其次是以事业单位为经营主体的景区为 28 元，以行政单位为经营主体的景区最低，为 19 元（图 5-9）。

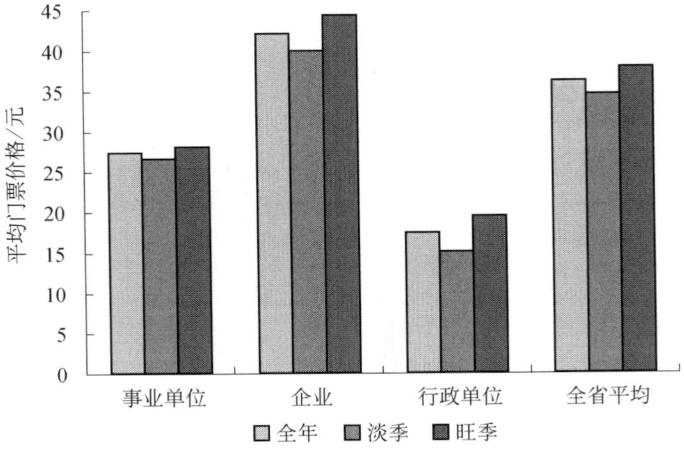

图 5-9　2015 年河南省 A 级旅游景区分体制平均门票价格

第四节　湖　北　省

湖北省位于中国中部偏南、长江中游、洞庭湖以北，东连安徽省，南邻江西省、湖南省，西连重庆市、陕西省，北接河南省，是华中地区最大的交通枢纽和军事重地。湖北省东、西、北三面环山，中部为“鱼米之乡”的江汉平原。湖北省文化底蕴深厚，是华夏始祖炎帝的诞生地，在春秋战国时期的楚国长达 800 多年的历史中，创造了楚文化。境内拥有武当山古建筑群、明显陵、唐崖土司城遗址和神农架等旅游景点。

2015 年，湖北省共有 A 级旅游景区 301 家，其中 5A 级景区 10 家，免门票和收门票景区分别为 106 家和 195 家，分别占全省 A 级景区总数的 35.22%和 64.78%。景区旅游总收入达 143.12 亿元，其中门票收入为 34.26 亿元，占景区旅游总收入的 23.94%。游客接待量共计 1.21 亿人次，其中政策性免票游客和购票游客分别为 4089.84 万人次和 8003.83 万人次，分别占全省 A 级景区游客接待总量的 33.82%和 66.18%。

2015 年国庆期间，湖北省许多城市，如黄冈市、宜昌市景区门票未涨价，遵循平常收费标准；但仍有部分景区出现门票价格上涨现象，如钟祥市黄仙洞景区将景区门票价格从 60 元调升至 80 元，涨幅为 33.33%，也超过了 30.00%的上限，川大水井景区门票价格由 50 元调整为 65 元，涨幅为 30.00%。

一、总体价格情况

2015 年，湖北省共有 195 家 A 级景区收门票，其中 42 家景区实行淡旺季票价。全省 A 级景区全年平均门票价格为 43 元，与 2014 年保持一致，但与全国 A 级景区平均门票价格相比，仍高出 38.71 个百分点。全省 A 级景区淡旺季平均门票价格分别为 41 元和 45 元（表 5-10）。

表 5-10　2014～2015 年湖北省 A 级景区全年及淡旺季平均门票价格总体情况

全年平均门票价格			淡季平均门票价格	旺季平均门票价格
2014 年	2015 年	增长率		
43 元	43 元	0	41 元	45 元

景区游客人均门票负担及门票福利（表 5-11）：2015 年湖北省 A 级景区所有游客人均门票负担和购票游客人均门票负担分别为 28.33 元和 42.80 元。其中所有游客人均门票负担较 2014 年减少 3.78 元，下降 11.77%；购票游客人均门票负担较 2014 年减少 1.18 元，下降 2.68%，分别高于全国平均水平 33.57 和 12.28 个百分点。此外，2015 年湖北省 A 级景区门票福利共计 17.59 亿元，占全国景区门票福利总额的 3.39%，较 2014 年增加 5.25 亿元，增长 42.54%。

表 5-11　2014～2015 年湖北省 A 级景区分等级人均门票负担及门票福利统计

项目	2014 年	2015 年	增量	增长率/%
所有游客人均门票负担/元	32.11	28.33	−3.78	−11.77
购票游客人均门票负担/元	43.98	42.80	−1.18	−2.68
门票福利/亿元	12.34	17.59	5.25	42.54

景区平均门票价格占居民人均月收入比重（表 5-12）：2015 年湖北省城镇、农村及全省居民人均月收入分别为 2254 元、987 元和 1669 元，A 级景区平均门票价格分别占城镇、农村及全省居民人均月收入的 1.91%、4.36%和 2.58%。与 2014 年相比，平均门票价格占全省居民人均月收入的比重降速最快，为 8.51%；平均门票价格占城镇居民人均月消费支出的比重降速最慢，为 8.17%。

表 5-12　2014～2015 年湖北省 A 级景区平均门票价格占居民人均月收入和月消费支出比重

（单位：%）

年份	占居民人均月收入比重			占居民人均月消费支出比重		
	城镇	农村	全省	城镇	农村	全省
2014	2.08	4.76	2.82	—	—	—
2015	1.91	4.36	2.58	—	—	—

二、分等级 A 级景区门票价格

从景区等级结构来看，2015 年湖北省 3A 级和 4A 级景区数量相对较多，分别为 126 家和 108 家，分别占全省 A 级景区总数的 41.86%和 35.88%；5A 级和 1A 级景区相对较少，分别为 10 家和 54 家，占比分别为 3.32%和 17.94%；2A 级景区仅 3 家，占比为 1.00%。

5A 级景区全年平均门票价格最高，为 131 元；其次是 4A 级和 3A 级景区，分别为 72 元和 25 元；2A 级和 1A 级景区相对较低，分别为 12 元和 18 元。淡季平均门票价格仍以 5A 级景区最高，为 121 元；其次是 4A 级景区，为 69 元。旺季平均门票价格也以 5A 级景区最高，为 140 元；其次是 4A 级和 3A 级景区，分别为 75 元和 26 元，2A 级和 1A 级景区相对较低，分别为 12 元和 19 元（图 5-10）。

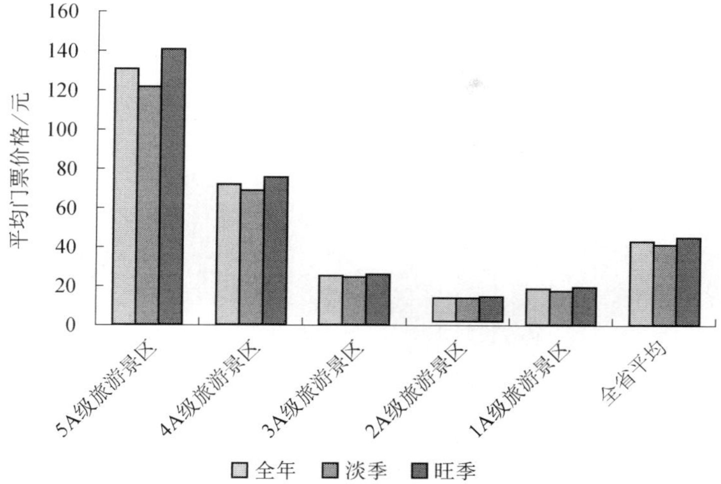

图 5-10　2015 年湖北省 A 级景区分等级平均门票价格

三、分类型 A 级景区门票价格

从景区类型来看，2015 年湖北省 A 级景区以自然景观类景区数量最多，共 104 家，占全省 A 级景区总数的 34.55%；其次是历史文化类和度假休闲类景区，分别为 52 家和 46 家，占比分别为 17.28%和 15.28%；科技教育类、工业旅游类景区相对较少，分别为 3 家和 5 家，占比分别为 1.00%和 1.66%；其他类型景区共计 91 家，占比为 30.23%。

全年平均门票价格以主题游乐类景区最高，为 91 元；其次是自然景观类和度假休闲类景区，分别为 61 元和 49 元；历史文化类、科技教育类和乡村旅游类景区紧随其后，分别为 32 元、31 元和 30 元；博物馆类和红色旅游类景区最低，均为 6 元。此外，淡季平均门票价格仍以主题游乐类景区最高，为 91 元；其次是自然景观类和度假休闲类景区，分别为 59 元和 47 元。旺季平均门票价格也是主题游乐类景区最高，为 91 元；其次是自然景观类和度假休闲类景区，分别为 65 元和 51 元（图 5-11）。

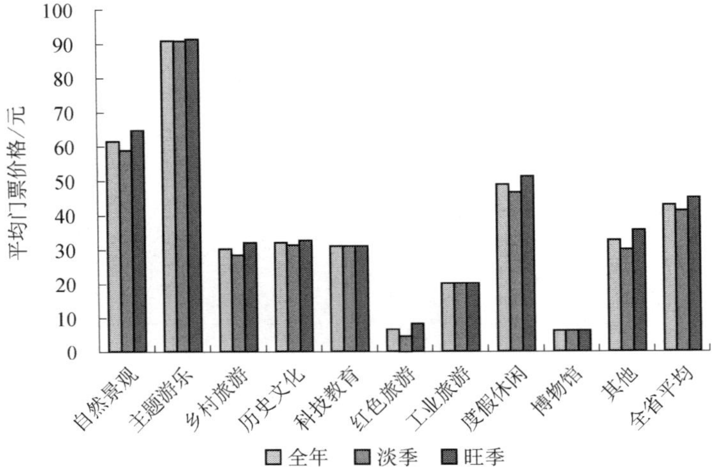

图 5-11　2015 年湖北省 A 级景区分类型平均门票价格

四、分体制 A 级景区门票价格

从景区经营体制来看，2015 年湖北省 A 级景区以企业为经营主体的景区数量最多，共 219 家，占全省 A 级景区总数的 72.76%；其次是以事业单位为经营主体的景区，共 75 家，占比为 24.92%；以行政单位为经营主体的景区最少，为 7 家，占比为 2.33%。

全年平均门票价格以行政单位为经营主体的景区最高，为 82 元；其次是以企业为经营主体的景区，为 51 元；以事业单位为经营主体的景区平均门票价格最低，为 16 元。淡季平均门票价格仍以行政单位为经营主体的景区最高，为 81 元；其次是以企业和事业单位为经营主体的景区，分别为 49 元和 15 元。旺季平均门票价格也是以行政单位为经营主体的景区最高，为 84 元；其次是以企业为经营主体的景区，为 53 元；以事业单位为经营主体的景区最低，为 16 元（图 5-12）。

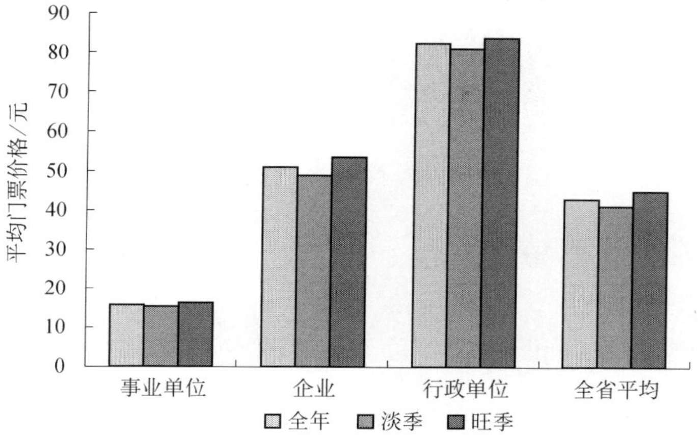

图 5-12 2015 年湖北省 A 级旅游景区分体制平均门票价格

第五节 湖 南 省

湖南省地处中国中部、长江中游，东以幕阜、武功诸山系与江西交界，西以云贵高原东缘连贵州省，南枕南岭，与广东省、广西壮族自治区相邻，北以滨湖平原与湖北省接壤，是东部沿海地区和中西部地区过渡带，也是长江开放经济带和沿海开放经济带的结合部。省内拥有张家界武陵源风景名胜区、中国丹霞（邵阳新宁崀山）和中国土司遗产（湖南老司城）等著名旅游景点。

2015 年，湖南省共有 A 级旅游景区 257 家，其中 5A 级景区 7 家，免门票和收门票景区分别为 93 家和 164 家，分别占全省 A 级景区总数的 36.19%和 63.81%。景区旅游总收入达 213.25 亿元，其中门票收入为 47.46 亿元，占景区旅游总收入的 22.26%。游客接待量共计 1.54 亿人次，其中政策性免票游客和购票游客分别为 6843.89 万人次和 8604.50 万人次，分别占全省 A 级景区游客接待总量的 44.30%和 55.70%。

2015 年，湖南省积极支持响应中国旅游景区协会“5A、4A 级景区带头不上涨门票价格”倡议。包括张家界武陵源、天门山、凤凰古城、南岳、岳阳楼等在内的72家A级景区纷纷承诺不上涨门票，其中5A级景区有7家、4A级景区为65家。

一、总体价格情况

2015年，湖南省共有164家A级景区收门票，其中27家景区实行淡旺季票价。全省A级景区全年平均门票价格为43元，较2014年略有下降，降幅为4.44%，但与全国A级景区平均门票价格相比，仍高出38.71个百分点。淡旺季平均门票价格分别为42元和45元（表5-13）。

表5-13 2014～2015年湖南省A级景区全年及淡旺季平均门票价格总体情况

全年平均门票价格			淡季平均门票价格	旺季平均门票价格
2014年	2015年	增长率		
45元	43元	-4.44%	42元	45元

景区游客人均门票负担及门票福利（表5-14）：2015年湖南省A级景区所有游客人均门票负担和购票游客人均门票负担分别为30.72元和55.16元，其中所有游客人均门票负担较2014年增加4.12元，增长15.49%；购票游客人均门票负担较2014年增加9.20元，增长20.02%，分别高于全国平均水平44.84和44.70个百分点。此外，2015年湖南省A级景区门票福利共计29.43亿元，占全国景区门票福利总额的5.67%，较2014年增加5.14亿元，增长21.16%。

表5-14 2014～2015年湖南省A级景区分等级门票负担及门票福利统计

项目	2014年	2015年	增量	增长率/%
所有游客人均门票负担/元	26.60	30.72	4.12	15.49
购票游客人均门票负担/元	45.96	55.16	9.20	20.02
门票福利/亿元	24.29	29.43	5.14	21.16

景区平均门票价格占居民人均月收入和月消费支出比重（表5-15）：2015年湖南省城镇、农村及全省居民人均月收入分别为2403元、916元和1610元；湖南省城镇、农村居民人均月消费支出为1625元和808元。A级景区人均门票价格分别占城镇、农村及全省居民人均月收入的1.79%、4.69%和2.67%，分别占城镇、农村居民人均月消费支出的2.65%和5.32%。与2014年相比，平均门票价格占全省居民人均月收入的比重降速最快，为8.87%；平均门票价格占城镇居民人均月消费支出的比重降速最慢，为5.69%。

表5-15　2014～2015年湖南省A级景区平均门票价格占居民人均月收入和月消费支出比重

（单位：%）

年份	占居民人均月收入比重			占居民人均月消费支出比重		
	城镇	农村	全省	城镇	农村	全省
2014	1.94	5.13	2.93	2.81	5.72	—
2015	1.79	4.69	2.67	2.65	5.32	—

二、分等级A级景区门票价格

从景区等级结构来看，2015年湖南省3A级景区数量最多，为127家，占全省A级景区总数的49.42%；其次是4A级景区，为87家，占比为33.85%；1A级和5A级景区相对较少，分别为2家和7家，占比分别为0.78%和2.72%；2A级景区为34家，占比为13.23%。

5A级景区全年平均门票价格最高，为150元；其次是4A级、3A级景区，分别为61元和32元；1A级和2A级景区相对较低，分别为2元和20元。淡季平均门票价格仍以5A级景区最高，为143元；其次是4A级景区，为60元；1A级景区最低，仅为1元。旺季平均门票价格也以5A级景区最高，为172元；其次是4A级和3A级景区，分别为63元和33元（图5-13）。

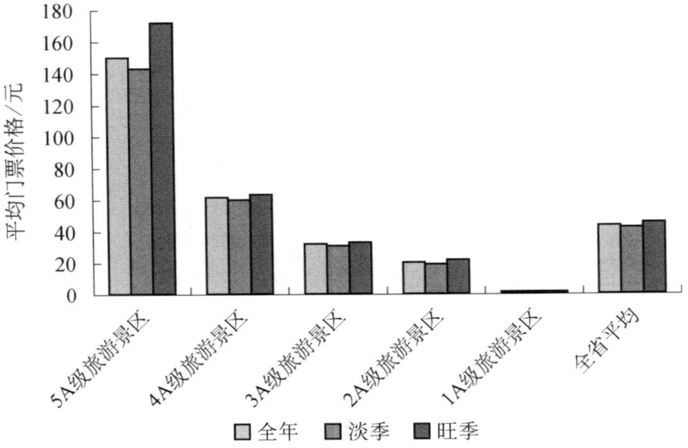

图 5-13 2015 年湖南省 A 级景区分等级平均门票价格

三、分类型 A 级景区门票价格

从景区类型来看，2015 年湖南省 A 级景区以自然景观类景区数量最多，共 73 家，占全省 A 级景区总数的 28.40%；其次是度假休闲类和历史文化类景区，分别为 49 家和 35 家，占比分别为 19.07%和 13.62%；科技教育类和工业旅游类景区相对较少，分别为 1 家和 7 家，占比分别为 0.39%和 2.72%；其他类型景区共计 92 家，占比为 35.80%。

全年平均门票价格以主题游乐、科技教育类景区最高，分别为 100 元和 98 元，其次是历史文化类和度假休闲类景区，分别为 49 元和 47 元；博物馆类景区全年平均门票价格最低，为 6 元。此外，淡季平均门票价格以科技教育类景区最高，为 98 元；其次是主题游乐类景区，为 96 元。旺季平均门票价格也以主题游乐类景区最高，为 105 元；其次是科技教育类和自然景观景区，分别为 98 元和 52 元（图 5-14）。

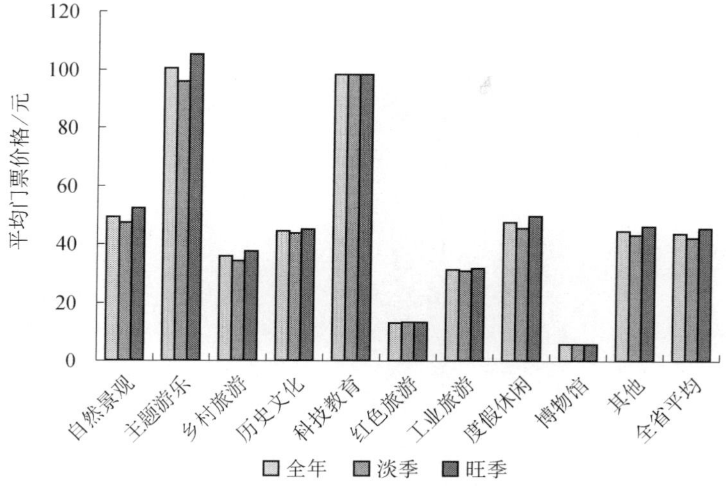

图 5-14 2015 年湖南省 A 级景区分类型平均门票价格

四、分体制 A 级景区门票价格

从景区经营体制来看，2015 年湖南省 A 级景区以企业为经营主体的景区数量最多，共 140 家，占全省 A 级景区总数的 54.47%；其次是以事业单位为经营主体的景区，共 111 家，占比为 43.19%；以行政单位为经营主体的景区最少，仅 6 家，占比为 2.33%。

全年平均门票价格以企业为经营主体的景区最高，为 54 元；其次是以行政单位为经营主体的景区，为 44 元；以事业单位为经营主体的景区平均门票价格最低，为 30 元。淡季平均门票价格仍以企业为经营主体的景区最高，为 52 元；其次是以行政单位和事业单位为经营主体的景区，分别为 39 元和 29 元。旺季平均门票价格也是以企业为经营主体的景区最高，为 55 元；其次是以行政单位和事业单位为经营主体的景区，分别为 49 元和 32 元（图 5-15）。

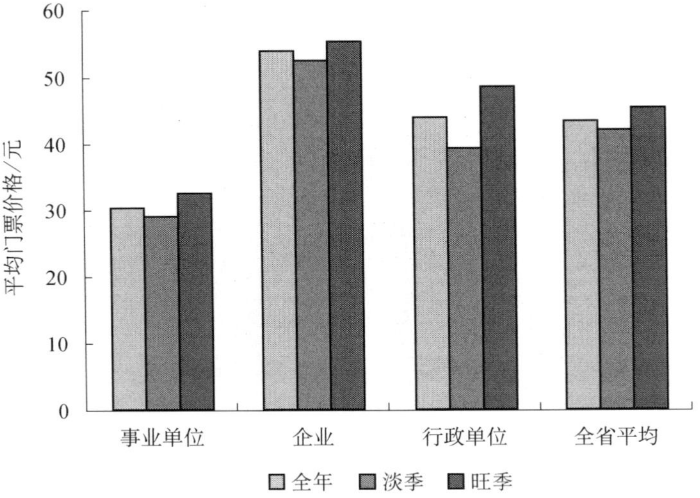

图 5-15　2015 年湖南省 A 级旅游景区分体制平均门票价格

第六节　广西壮族自治区

广西壮族自治区是中国唯一一个沿海自治区，位于中国华南地区西部，从东至西分别与广东省、湖南省、贵州省、云南省接壤，南临北部湾，西南与越南毗邻，是西南地区最便捷的出海通道，在中国与东南亚的经济交往中占有重要地位。广西壮族自治区拥有奇特的喀斯特地貌、灿烂的文物古迹、浓郁的民族风情，可谓“景色迥异、风情不同”。

2015 年，广西壮族自治区共有 A 级旅游景区 249 家，其中 5A 级景区 4 家，免门票和收门票景区分别为 74 家和 175 家，分别占全区 A 级景区总数的 29.72%和 70.28%。景区旅游总收入达 52.88 亿元，其中门票收入为 18.91 亿元，占景区旅游总收入的 35.76%。游客接待量共计 1.07 亿人次，其中政策性免票游客和购票游客分别为 4884.70 万人次和 5838.40 万人次，分别占全区 A 级景区游客接待总量的 45.65%和 54.56%。

2015年，广西壮族自治区部分A级景区仍出现门票价格上涨现象，如桂林银子岩景区门票价格从65元调至84元，从年底开始执行。

一、总体价格情况

2015年，广西壮族自治区共有175家A级景区收门票，其中29家景区实行淡旺季票价。全省A级景区全年平均门票价格为51元，较2014年略有下降，降幅为7.27%，但与全国A级景区平均门票价格相比，仍高出64.52个百分点。淡旺季平均门票价格分别为49元和54元（表5-16）。

表5-16 2014～2015年广西A级景区全年及淡旺季平均门票价格总体情况

全年平均门票价格			淡季平均门票价格	旺季平均门票价格
2014年	2015年	增长率		
55元	51元	−7.27%	49元	54元

景区游客人均门票负担及门票福利（表5-17）：2015年广西壮族自治区A级景区所有游客人均门票负担和购票游客人均门票负担分别为17.63元和32.39元。其中所有游客人均门票负担较2014年减少0.30元，下降1.67%；购票游客人均门票负担较2014年增加4.19元，增长14.86%，分别低于全国平均水平16.88个和15.03个百分点。此外，2015年广西壮族自治区A级景区门票福利共计24.91亿元，占全国景区门票福利总额的4.80%，较上年增加6.84亿元，增长37.85%。

表5-17 2014～2015年广西壮族自治区A级景区分等级人均门票负担及门票福利统计

项目	2014年	2015年	增量	增长率/%
所有游客人均门票负担/元	17.93	17.63	−0.30	−1.67
购票游客人均门票负担/元	28.20	32.39	4.19	14.86
门票福利/亿元	18.07	24.91	6.84	37.85

景区平均门票价格占居民人均月收入和月消费支出比重：2015年广西壮

族自治区城镇、农村及全区居民人均月收入分别为 2201 元、789 元和 1406 元；城镇、农村及全区居民人均月消费支出为 1360 元、632 元和 950 元。A 级景区平均门票价格分别占城镇、农村及全区居民人均月收入的 2.32%、6.46%和 3.63%，分别占城镇、农村及全区居民人均月消费支出的 3.75%、8.07%和 5.37%。与 2014 年相比，所有占比均下降，其中以平均门票价格占农村居民人均月消费支出的比重降速最快，为 18.40%（表 5-18）。

表 5-18　2014～2015 年广西 A 级景区平均门票价格占居民人均月收入和月消费支出比重

（单位：%）

年份	占居民人均月收入比重			占居民人均月消费支出比重		
	城镇	农村	全区	城镇	农村	全区
2014	2.68	7.60	4.24	4.39	9.89	6.44
2015	2.32	6.46	3.63	3.75	8.07	5.37

二、分等级 A 级景区门票价格

从景区等级结构来看，2015 年广西壮族自治区 4A 级和 3A 级景区数量相对较多，分别为 117 家和 102 家，分别占全区 A 级景区总数的 46.99%和 40.96%；5A 级和 1A 级景区相对较少，分别为 4 家和 26 家，占比分别为 1.61%和 10.44%。

5A 级景区全年平均门票价格最高，为 75 元；其次是 4A 级景区，为 69 元；3A 级和 2A 级景区相对较低，分别为 40 元和 13 元。淡季平均门票价格仍以 5A 级景区最高，为 75 元；其次是 4A 级、3A 级景区，分别为 68 元和 36 元。旺季平均门票价格以 5A 级和 4A 级景区相对较高，分别为 75 元和 74 元；其次是 3A 级景区，为 43 元；2A 级景区最低，为 14 元（图 5-16）。

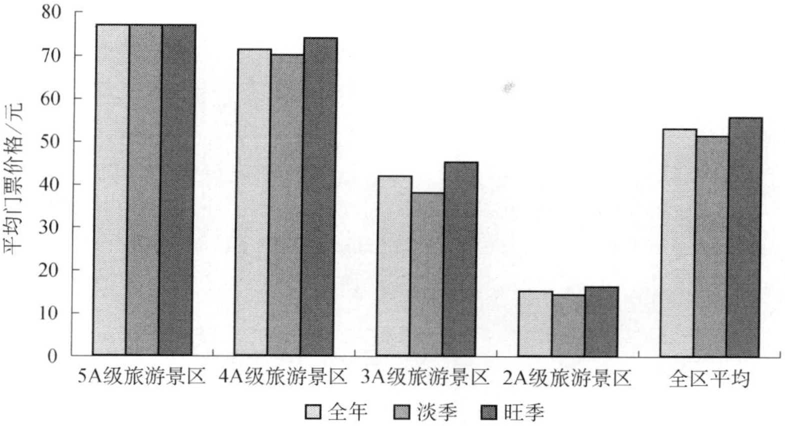

图 5-16　2015 年广西壮族自治区 A 级景区分等级平均门票价格

三、分类型 A 级景区门票价格

从景区类型来看，2015 年广西壮族自治区 A 级景区以自然景观类景区数量最多，共 92 家，占全区 A 级景区总数的 36.95%；其次是度假休闲类和历史文化类景区，分别为 50 家和 39 家，占比分别为 20.08%和 15.66%；科技教育类、工业旅游类和红色旅游类景区相对较少，分别为 2 家、4 家和 5 家，占比分别为 0.80%、1.61%和 2.01%；其他类型景区共计 57 家，占比为 22.89%。

各类型 A 级景区除红色旅游类景区免门票外，其他类型景区均收门票。其中全年平均门票价格以主题游乐类景区最高，为 104 元；其次是度假休闲类、自然景观类、乡村旅游类和历史文化类景区，分别为 74 元、54 元、45 元和 38 元；工业旅游类和博物馆类景区全年平均门票价格相对较低，分别为 8 元和 13 元。此外，淡季平均门票价格仍以主题游乐类景区最高，为 100 元；其次是度假休闲类和自然景观类景区，分别为 70 元和 51 元。旺季平均门票价格也是主题游乐类景区最高，为 109 元；其次是度假休闲类和自然景观类景区，分别为 83 元和 56 元（图 5-17）。

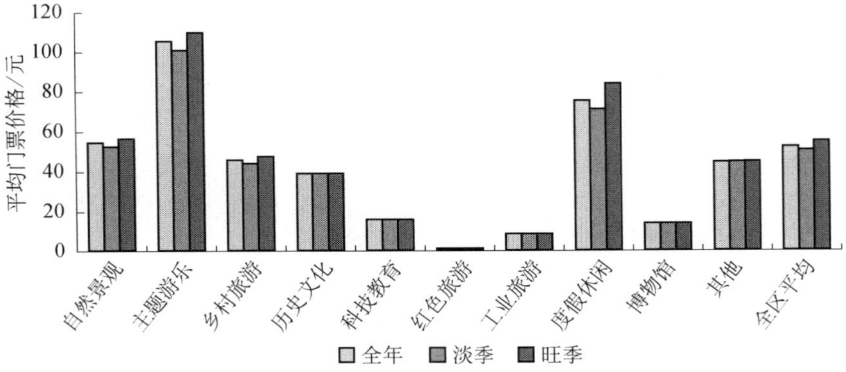

图 5-17　2015 年广西壮族自治区 A 级景区分类型平均门票价格

四、分体制 A 级景区门票价格

从景区经营体制来看，2015 年广西壮族自治区 A 级景区以企业为经营主体的景区数量最多，共 196 家，占全区 A 级景区总数的 78.71%；其次是以事业单位为经营主体的景区，共 50 家，占比为 20.08%；以行政单位和部队为经营主体的景区最少，分别为 2 家和 1 家，占比分别为 0.80%和 0.40%。

除行政单位、部队性质景区免门票外，其他性质景区均收门票。其中全年平均门票价格以企业为经营主体的景区最高，为 57 元；其次是以事业单位为经营主体的景区，为 32 元。淡季平均门票价格仍也以企业为经营主体的景区最高，为 55 元；其次是以事业单位为经营主体的景区，为 32 元；企业和事业单位旺季平均门票价格分别为 61 元和 32 元（图 5-18）。

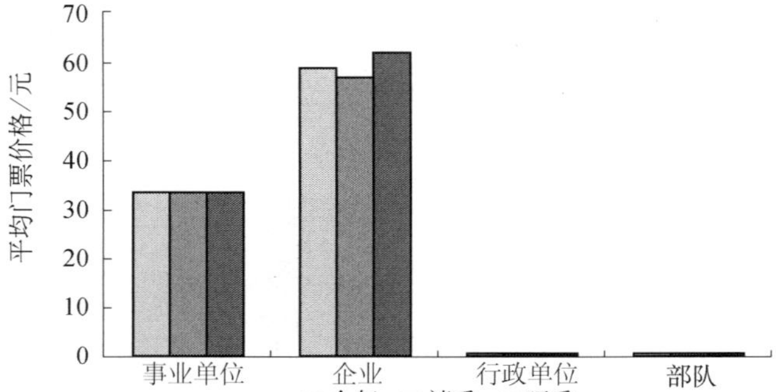

图 5-18　2015 年广西壮族自治区 A 级旅游景区分体制平均门票价格

第六章

西南片区 A 级景区门票价格情况

我国西南片区主要包括贵州省、四川省、云南省、重庆市、西藏自治区，西藏自治区因景区数据填报不全，未纳入本部分撰写中。西南片区旅游资源丰富，旅游景区数量较多，其中 A 级景区 863 家，5A 级景区 29 家，拥有南方喀斯特、中国丹霞、中国土司遗址、大熊猫栖息地、丽江古城等世界级旅游资源。该片区 A 级景区全年平均门票价格为 31 元，其中贵州省最高，为 42 元，高于全区 A 级景区平均票价 35.48 个百分点。四川省 A 级景区全年平均门票价格最低，为 24 元，低于全区平均票价 22.58 个百分点。

第一节　贵　州　省

贵州省位于中国西南部高原山地，境内地势西高东低，地貌以高原、山地、丘陵和盆地为主，平均海拔在1100米左右，素有“八山一水一分田”之说，是我国唯一没有平原的省份。贵州省历史悠久，景色优美，境内拥有中国南方喀斯特、中国丹霞、中国土司遗址等著名旅游景点。

2015年，贵州省共有A级旅游景区135家，其中5A级景区4家，免门票和收门票景区分别为48家和87家，分别占全省A级景区总数的35.56%和64.44%。景区旅游总收入达121.24亿元，其中门票收入为17.91亿元，占景区旅游总收入的14.77%。游客接待量共计0.84亿人次，其中政策性免票游客和购票游客分别为4469.58万人次和3892.54万人次，分别占全省A级景区游客接待总量的53.45%和46.55%。

2015年，贵州省积极响应中国旅游景区协会“5A、4A级景区带头不涨价”倡议，全省84家景区加入首批不涨价景区的名单，承诺全面实行一票制；全面落实对老年人、青少年、学生、军人、残疾人的门票优惠政策；对预约门票实行价格优惠；自愿公布真实的门票价格构成；自愿承诺三年内不上涨门票价格。此外，黔南州主要景区的门票多年来均未涨价，其中最为出名的5A级景区荔波樟江景区，6年来都保持原有价格。

一、总体价格情况

2015年，贵州省共有87家A级景区收门票，其中25家景区实行淡旺季票价。全省A级景区全年平均门票价格为42元，较2014年略有下降，降幅为2.33%，但与全国A级景区平均门票价格相比，仍高出35.48个百分点。全省A级景区淡旺季平均门票价格分别为39元和45元（表6-1）。

景区游客人均门票负担及门票福利（表6-2）：2015年贵州省A级景区所有游客人均门票负担和购票游客人均门票负担分别为21.42元和46.01元，其中所有游客人均门票负担较2014年减少3.05元，下降12.46%；购票游客人均门票负担较2014年减少5.94元，下降11.43%，分别高于全国平均水平0.99和20.70个百分点。此外，2015年贵州省A级景区门票福利共计 18.77 亿元，占全国景区门票福利总额的 3.61%，较 2014 年增加 5.48 亿元，增长 41.23%。

表 6-1　2014～2015 年贵州省 A 级景区全年及淡旺季平均门票价格总体情况

全年平均门票价格			淡季平均门票价格	旺季平均门票价格
2014 年	2015 年	增长率		
43 元	42 元	−2.33%	39 元	45 元

表 6-2　2014～2015 年贵州省 A 级景区分等级人均门票负担及门票福利统计

项目	2014 年	2015 年	增量	增长率/%
所有游客人均门票负担/元	24.47	21.42	−3.05	−12.46
购票游客人均门票负担/元	51.95	46.01	−5.94	−11.43
门票福利/亿元	13.29	18.77	5.48	41.23

景区平均门票价格占居民人均月收入和月消费支出比重（表 6-3）：2015 年贵州省城镇、农村及全省居民人均月收入分别为 2045 元、616 元和 1141 元；贵州省城镇、农村居民人均月消费支出为 1410 元和 554 元。A 级景区平均门票价格分别占城镇、农村及全省居民人均月收入的 2.05%、6.82%和 3.68%，分别占城镇、农村居民人均月消费支出的 2.98%和 7.58%。与 2014 年相比，所有占比均下降，其中平均门票价格占农村居民人均月消费支出的比重降速最慢快，为 12.27%。

表 6-3　2014～2015 年贵州省 A 级景区平均门票价格占居民人均月收入和月消费支出比重

（单位：%）

年份	占居民人均月收入比重			占居民人均月消费支出比重		
	城镇	农村	全省	城镇	农村	全省
2014	2.29	7.73	4.17	3.38	8.64	5.55
2015	2.05	6.82	3.68	2.98	7.58	—

二、分等级A级景区门票价格

从景区等级结构来看，2015年贵州省4A 级和 3A 级景区数量最多，分别为60家和58家，分别占全省A级景区总数的44.44%和42.96%；5A级和1A级景区相对较少，分别为4家和13家，占比分别为2.96%和9.63%。

5A 级景区全年平均门票价格最高，为146元；其次是4A 级和3A 级景区，分别为57元和27元；2A级景区最低，为9元。淡季平均门票价格仍也以5A 级景区最高，为131元，其次是4A 级景区，为53元。旺季平均门票价格也以5A级景区最高，为161元；其次是4A级和3A级景区，分别为61元和29元；2A级景区最低，为9元（图6-1）。

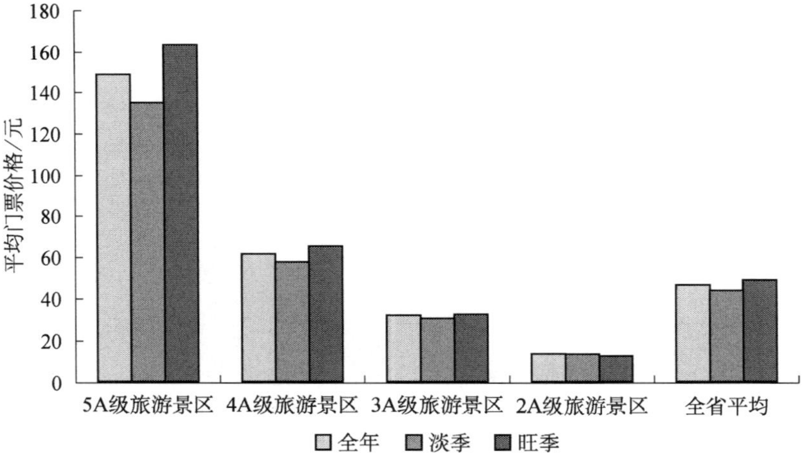

图6-1　2015年贵州省A级景区分等级平均门票价格

三、分类型A级景区门票价格

从景区类型来看，2015年贵州省A级景区以自然景观类景区数量最多，共46家，占全省A级景区总数的34.07%；其次是度假休闲类、乡村旅游类和历史文化类景区，分别为25家、19家和17家，占比分别为18.52%、

14.07%和12.59%；科技教育类、博物馆类、工业旅游类和主题游乐类景区相对较少，分别为2家、2家、3家和3家，占比分别为1.48%、1.48%、2.22%和2.22%；其他类型景区共计18家，占比为13.33%。

全年平均门票价格以主题游乐类景区最高，为76元；其次是自然景观类、度假休闲类、乡村旅游类和历史文化类景区，分别为59元、48元、32元和32元；工业旅游类、科技教育类和红色旅游类景区相对较低，分别为5元、6元和7元。此外，淡季平均门票价格仍以主题游乐类景区最高，为68元；其次是自然景观类和度假休闲类景区，分别为53元和45元。旺季平均门票价格也以主题游乐类景区最高，为84元；其次是自然景观类和度假休闲类景区，分别为64元和51元（图6-2）。

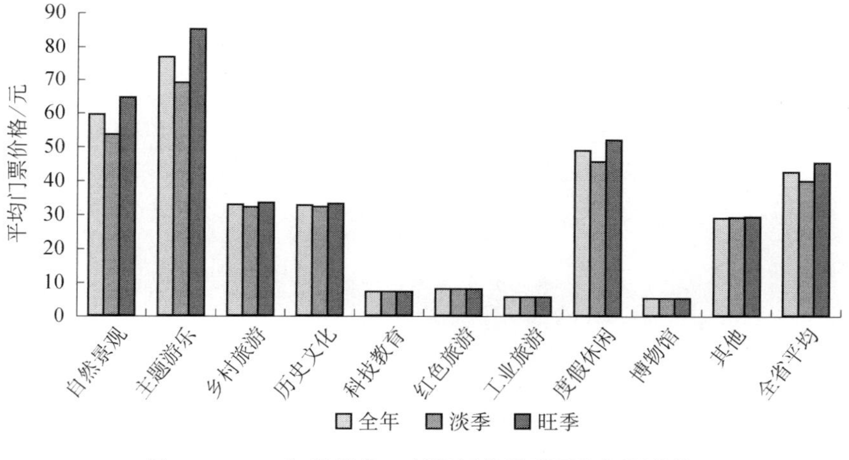

图6-2　2015年贵州省A级景区分类型平均门票价格

四、分体制A级景区门票价格

从景区经营体制来看，2015年贵州省A级景区以企业为经营主体的景区数量最多，共98家，占全省A级景区总数的72.59%；其次是以事业单位为经营主体的景区，共36家，占比为26.67%；以行政单位单位为经营主体的景区最少，仅1家，占比为0.74%。

除以行政单位为经营主体景区免门票外，其他体制景区均收门票。全年平均门票价格以企业为经营主体的景区最高，为 48 元；其次是以事业单位为经营主体的景区，为 29 元。淡季平均门票价格仍以企业为经营主体的景区最高，为 45 元；其次是以事业单位为经营主体的景区，均为 25 元。旺季平均门票价格仍以企业为经营主体的景区最高，为 50 元；其次是以事业单位为经营主体的景区，均为 32 元（图 6-3）。

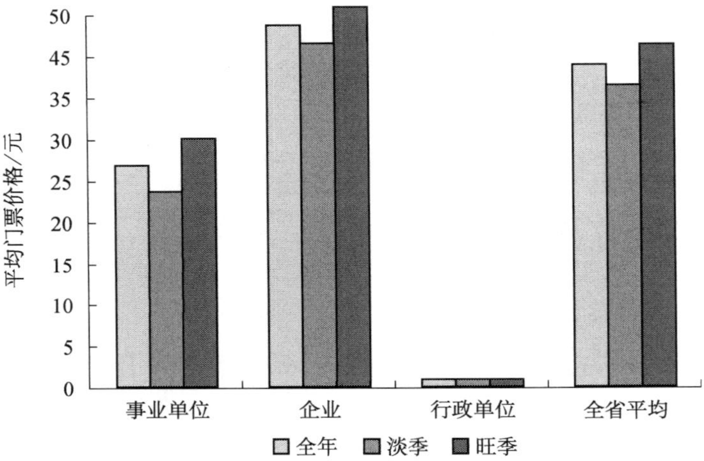

图 6-3　2015 年贵州省 A 级旅游景区分体制平均门票价格

第二节　四　川　省

四川省位于中国西南腹地，东邻重庆市、西接西藏自治区，南连云南省、贵州省，北接陕西省、甘肃省、青海省，是中国西南的门户。四川省地形地貌复杂，山地为其主要地貌类型，东部为川东平行岭谷和川中丘陵，中部为成都平原，西部为川西高原。四川省历史悠久，文化灿烂，自然风光绚丽多彩，拥有黄龙国家级风景名胜区、九寨沟国家级名胜区、峨眉山-乐山风景名胜区、青城山-都江堰、大熊猫栖息地等旅游景区，是西南片区度假旅行的胜地之一。

2015年，四川省共有A级旅游景区327家，其中5A级景区10家，免门票和收门票景区分别为175家和152家，分别占全省A级景区总数的53.52%和46.48%。景区旅游总收入达367.66亿元，其中门票收入为47.99亿元，占景区旅游总收入的13.05%。游客接待量共计2.38亿人次，其中政策性免票游客和购票游客分别为13773.7万人次和10000.23万人次，分别占全省A级景区游客接待总量的57.94%和42.06%。

2015年，四川省积极支持响应中国旅游景区协会“5A、4A级景区带头不上涨门票价格”倡议。全省共有116家A级景区承诺不涨价，其中包括青城山-都江堰、广安邓小平故里、峨眉山、九寨沟-黄龙、广元剑门关等6个5A级风景区。成都市共有13家A级景区签订“不上涨门票价格”承诺，主要包括青城山-都江堰旅游景区、武侯祠博物馆、杜甫草堂博物馆等A级景区。但仍有部分景区门票价格上涨，如碧峰峡野生动物园将票价从150元调至180元，上涨幅度达20.00%。

一、总体价格情况

2015年，四川省共有152家A级景区收门票，其中30家景区实行淡旺季票价。全省A级景区全年平均门票价格为24元，较2014年略有下降，降幅为4.00%，且与全国A级景区平均门票价格相比，仍低22.58个百分点。淡旺季平均门票价格分别为23元和26元（表6-4）。

表6-4　2014～2015年四川省A级景区全年及淡旺季平均门票价格总体情况

全年平均门票价格			淡季平均门票价格	旺季平均门票价格
2014年	2015年	增长率		
25元	24元	-4.00%	23元	26元

景区游客人均门票负担及门票福利（表 6-5）：2015 年四川省 A 级景区所有游客人均门票负担和购票游客人均门票负担分别为 20.19 元和 47.99 元。其中所有游客人均门票负担较 2014 年减少 2.56 元，下降 11.25%；购票游客人均门票负担较 2014 年减少 2.20 元，下降 4.38%。所有游客人均门票负担低于全国平均水平 4.81 个百分点，购票游客人均门票负担高于全国平均水平 25.89 个百分点。此外，2015 年四川省 A 级景区门票福利共计 33.06 亿元，占全国景区门票福利总额的 6.37%，较 2014 年增加 5.58 亿元，增长 20.31%。

表 6-5　2014～2015 年四川省 A 级景区分等级人均门票负担及门票福利统计

项目	2014 年	2015 年	增量	增长率/%
所有游客人均门票负担/元	22.75	20.19	−2.56	−11.25
购票游客人均门票负担/元	50.19	47.99	−2.20	−4.38
门票福利/亿元	27.48	33.06	5.58	20.31

景区平均门票价格占居民人均月收入和月消费支出比重（表 6-6）：2015 年四川省城镇、农村及全省居民人均月收入分别为 2188 元、854 元和 1435 元，四川省城镇、农村居民人均月消费支出为 1606 元、771 元。A 级景区平均门票价格分别占城镇、农村及全省居民人均月收入的 1.10%、2.81%和 1.67%，分别占城镇、农村居民人均月消费支出的 1.49%、3.11%。与 2014 年相比，除了平均门票价格占农村居民人均月收入比重有所上升，其他三个占比均呈下降态势，平均门票价格占农村居民人均月收入的比重上升了 75.63%，平均门票价格占城镇居民人均月消费支出比重的降速最快，为 54.33%，平均门票价格占城镇居民人均月收入比重降速最慢，为 6.78%。

表 6-6　2014～2015 年四川省 A 级景区平均门票价格占居民人均月收入和月消费支出比重

（单位：%）

年份	占居民人均月收入比重			占居民人均月消费支出比重		
	城镇	农村	全省	城镇	农村	全省
2014	1.18	1.60	—	3.27	4.17	—
2015	1.10	2.81	1.67	1.49	3.11	—

二、分等级A级景区门票价格

从景区等级结构来看，2015年四川省4A级景区数量最多，为151家，其次是2A级和3A级景区，分别为92家和73家，分别占全省A级景区总数的28.13%和22.32%；1A级和5A级景区相对较少，分别为1家和10家，分别占全省A级景区总数的0.31%和3.06%。

除1A级景区免门票外，其他等级A级景区均收门票。其中5A级景区全年平均门票价格最高，为100元；其次是4A级景区，为36元；3A级和2A级景区相对较低，分别为13元和5元。淡旺季平均门票价格同样也以5A级景区最高，分别为83元和118元；其次是4A级景区，分别为34元和38元（图6-4）。

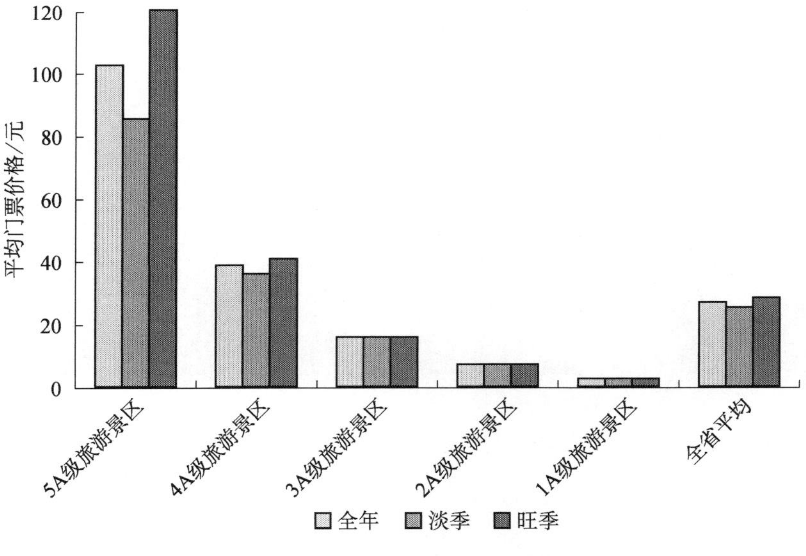

图6-4　2015年四川省A级景区分等级平均门票价格

三、分类型A级景区门票价格

从景区类型来看，2015年四川省A级景区以自然景观类景区数量最多，共 94 家，占全省 A 级景区总数的 28.75%；其次是历史文化类、乡村旅游类和度假休闲类景区，分别为 59 家、56 家和 42 家，占比分别为 18.04%、17.13%和 12.84%；主题游乐类、科技教育类和工业旅游类景区相对较少，分别为 4 家、5 家和 7 家，占比分别为 1.22%、1.53%和 2.14%；其他类型景区共计 60 家，占比 18.35%。

全年平均门票价格以主题游乐类景区最高，为 84 元；其次是自然景观类和博物馆类景区，分别为 41 元和 33 元；乡村旅游类和工业旅游类景区全年平均门票价格相对较低，分别为 3 元和 9 元。此外，淡季平均门票价格同样以主题游乐类景区最高，为 80 元；其次是自然景观类和博物馆类景区，分别为 37 元和 31 元。旺季平均门票价格还是主题游乐类景区最高，为 88 元，其次是自然景观类和博物馆类景区，分别为 45 元和 34 元（图 6-5）。

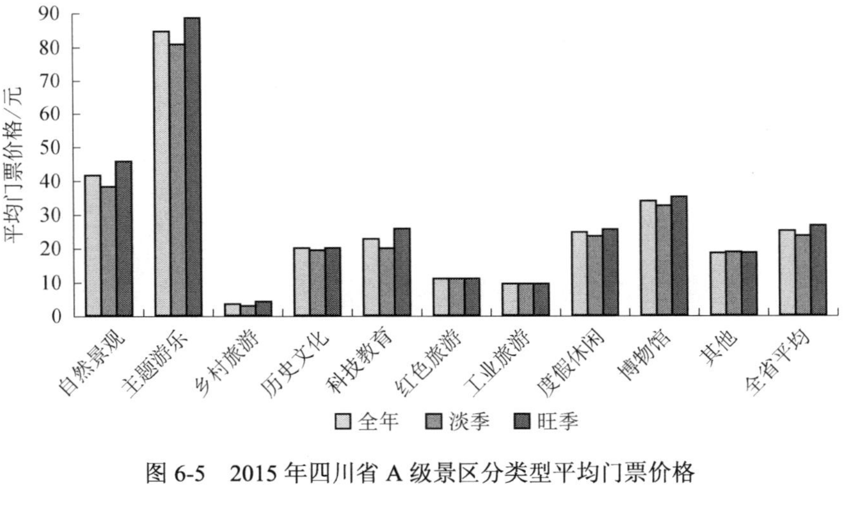

图 6-5　2015 年四川省 A 级景区分类型平均门票价格

四、分体制 A 级景区门票价格

从景区经营体制来看，2015 年四川省 A 级景区以企业为经营主体的景区数量最多，共 176 家，占全省 A 级景区总数的 53.82%；其次是以事业单位为经营主体的景区，共131家，占比为40.06%；以行政单位为经营主体的景区最少，为20家，占比为6.12%。

以事业单位和企业为经营主体的景区全年平均门票价格最高，均为25元；以行政单位为经营主体的景区平均门票价格最低，为8元。淡季平均门票价格以事业单位为经营主体的景区最高，为24元；其次是以企业和行政单位为主体的景区，分别为23元和6元。以事业单位和企业为经营主体的景区旺季平均门票价格也最高，均为27元；以行政单位为经营主体的景区平均门票价格最低，为9元（图6-6）。

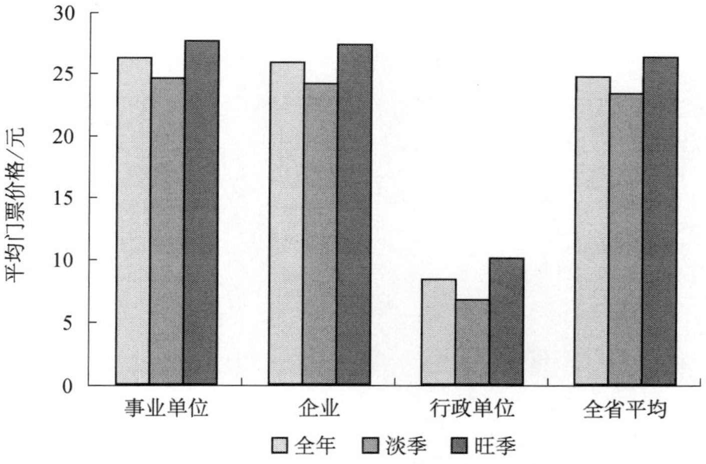

图6-6　2015年四川省A级旅游景区分体制平均门票价格

第三节　云　南　省

云南省位于中国西南的边陲，是人类文明的重要发祥地之一。生活在距今170万年前的云南元谋人，是截至2013年发现的中国和亚洲的最早人类。战国时期，这里是滇族部落的生息之地。云南历史文化悠久，自然风光绚丽，拥有中国南方喀斯特（云南石林）、云南丽江古城、“三江并流”自然景观、澄江化石地、红河哈尼梯田文化景观五处世界自然、文化遗产。

2015 年，云南省共有 A 级旅游景区 199 家，其中 5A 级景区 6 家，免门票和收门票景区分别为 65 家和 134 家，分别占全省 A 级景区总数的 32.66% 和 67.34%。景区旅游总收入达 82.63 亿元，其中门票收入为 29.05 亿元，占景区旅游总收入的 35.16%。游客接待量共计 1.01 亿人次，其中政策性免票游客和购票游客分别为 3477.34 万人次和 6583.57 万人次，分别占全省 A 级景区游客接待总量的 34.56%和 65.44%。

2015 年，云南省积极支持响应中国旅游景区协会“5A、4A 级景区带头不上涨门票价格”倡议。包括 5A、4A 级景区在内的 49 家高等级景区，约占全省 5A 和 4A 级景区总数的 69%，签订“不上涨门票价格”协议，承诺三年内不涨价。

一、总体价格情况

2015 年，云南省共有 134 家 A 级景区收门票，其中 12 家景区实行淡旺季票价。全省 A 级景区全年平均门票价格为 39 元，较 2014 年略有下降，降幅为 4.88%，但与全国 A 级景区平均门票价格相比，仍高出 25.81 个百分点。全省 A 级景区淡旺季平均门票价格分别为 38 元和 40 元（表 6-7）。

表 6-7 2014～2015 年云南省 A 级景区全年及淡旺季平均门票价格总体情况

全年平均门票价格			淡季平均门票价格	旺季平均门票价格
2014年	2015年	增长率		
41 元	39 元	−4.88%	38 元	40 元

景区游客人均门票负担及门票福利（表 6-8）：2015 年云南省 A 级景区所有游客人均门票负担和购票游客人均门票负担分别为 28.87 元和 44.12 元，其中所有游客人均门票负担较 2014 年减少 9.86 元，下降 25.46%，购

票游客人均门票负担较2014年减少9.3元，下降17.41%，两者分别较全国平均水平上涨36.12%和15.74%。此外，2015年云南省A级景区门票福利共计13.56亿元，占全国景区门票福利总额的2.61%，较2014年减少0.61亿元，下降4.30%。

表6-8 2014～2015年云南省A级景区分等级人均门票负担及门票福利统计

项目	2014年	2015年	增量	增长率/%
所有游客人均门票负担/元	38.73	28.87	−9.86	−25.46
购票游客人均门票负担/元	53.42	44.12	−9.30	−17.41
门票福利/亿元	14.17	13.56	−0.61	−4.30

景区平均门票价格占居民人均月收入和月消费支出比重（表6-9）：2015年云南省城镇、农村及全省居民人均月收入分别为2198元、687元和1296元，云南省城镇、农村居民人均月消费支出为1473元和569元。A级景区平均门票价格分别占城镇、农村及全省居民人均月收入的1.77%、5.68%和3.01%，分别占城镇和农村居民人均月消费支出的2.65%和6.85%。与2014年相比，所有占比均有下降，其中以平均门票价格占农村居民人均月消费支出比重降速最快，为16.05%。

表6-9 2014～2015年云南省A级景区平均门票价格占居民人均月收入和月消费支出比重

（单位：%）

年份	占居民人均月收入比重			占居民人均月消费支出比重		
	城镇	农村	全省	城镇	农村	全省
2014	2.02	6.60	3.57	3.02	8.16	—
2015	1.77	5.68	3.01	2.65	6.85	—

二、分等级A级景区门票价格

从景区等级结构来看，2015年云南省2A级、3A级和4A级景区相对较多，分别为67家、52家和68家，分别占全省A级景区总数的33.67%、

26.13%和 34.17%；1A 级和 5A 级景区相对较少，均为 6 家，占比均为 3.02%。

各等级 A 级景区平均门票价格以 5A 级景区最高，为 143 元；其次是 3A 级和 4A 级景区，分别为 65 元和 29 元，1A 级景区最低，仅 9 元。淡旺季平均门票价格同样也以 5A 级景区最高，分别为 145 元和 143 元；其次是 4A 级景区，分别为 64 元和 65 元，1A 级景区淡旺季平均门票价格最低，均为 9 元（图 6-7）。

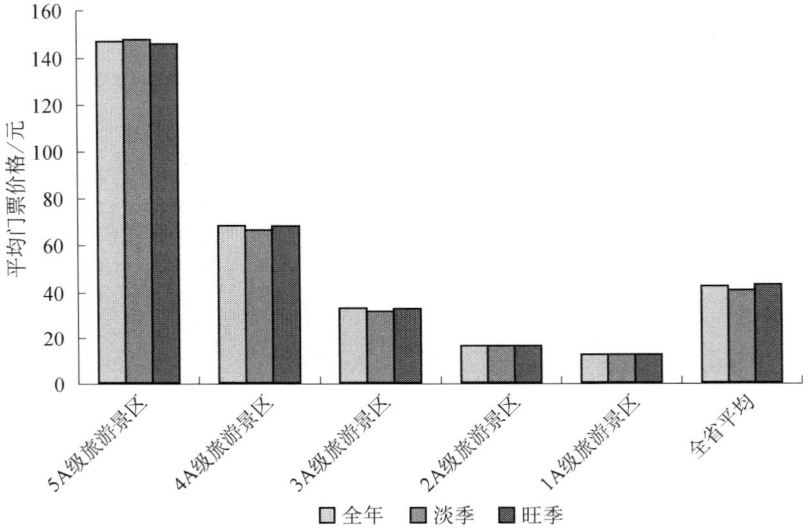

图 6-7　2015 年云南省 A 级景区分等级平均门票价格

三、分类型 A 级景区门票价格

从景区类型来看，2015 年云南省 A 级景区以自然景观类景区数量最多，共 76 家，占全省 A 级景区总数的 38.19%；其次是历史文化类和度假休闲类景区，分别为 40 家和 21 家，占比分别为 20.10%和 10.55%；科技教育类、红色旅游类和工业旅游类景区相对较少，分别为 2 家、2 家和 6 家，占比分别为 1.01%、1.01%和 3.02%；其他类型景区共计 52 家，占比 26.13%。

全年平均门票价格以主题游乐类景区最高，为 50 元，且该类型景区的淡旺季价格相等，均为 50 元；其次是自然景观类、度假休闲类和历史文化类景区，分别为 46 元、41 元和 38 元；博物馆类和红色旅游类景区平均门票价格相对较低，分别为 17 元和 13 元；工业旅游类景区平均门票价格为零。此外，淡季平均门票价格除主题游乐类景区外以自然景观类景区最高，为 44 元；其次是度假休闲类、历史文化类、科技教育类和乡村旅游类景区，分别为 40 元、38 元、19 元和 19 元。旺季平均门票价格除主题游乐类景区外以自然景观类景区最高，为 47 元；其次是度假休闲类、历史文化类、乡村旅游类和科技教育类景区，分别为 41 元、39 元、19 元和 19 元，工业旅游景区的淡旺季平均门票价格均为零（图 6-8）。

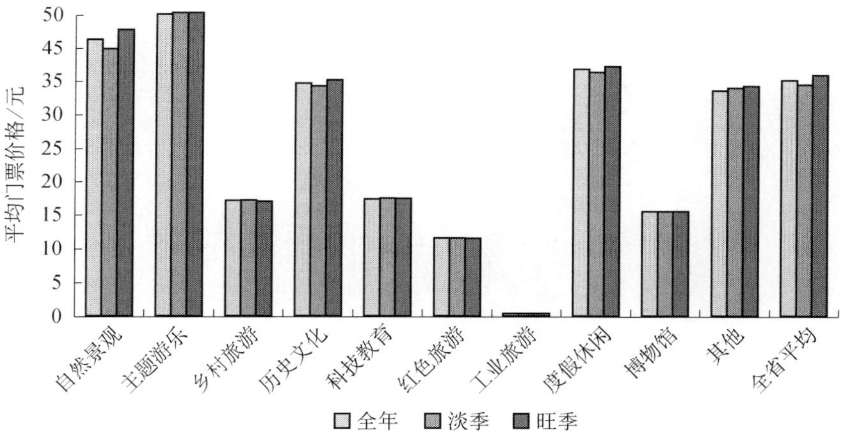

图 6-8　2015 年云南省 A 级景区分类型平均门票价格

四、分体制 A 级景区门票价格

从景区经营体制来看，2015 年云南省 A 级景区以企业为经营主体的景区数量最多，共 144 家，占全省 A 级景区总数的 72.36%；其次是以事业单位为经营主体的景区，共 43 家，占比为 21.61%；以行政单位为经营主体的景区最少，仅 12 家，占比为 6.03%。

全年平均门票价格以企业为经营主体的景区最高，为 45 元，其次是行政单位为经营主体的景区，为 29 元，事业单位为经营主体的景区平均门票价格最低，为 19 元。淡旺季平均门票价格同样也以企业为经营主体的景区最高，分别为 45 元和 47 元，其次是行政单位为经营主体的景区，均为 29 元，事业单位为经营主体的景区淡旺季平均门票价格最低，均为 19 元（图 6-9）。

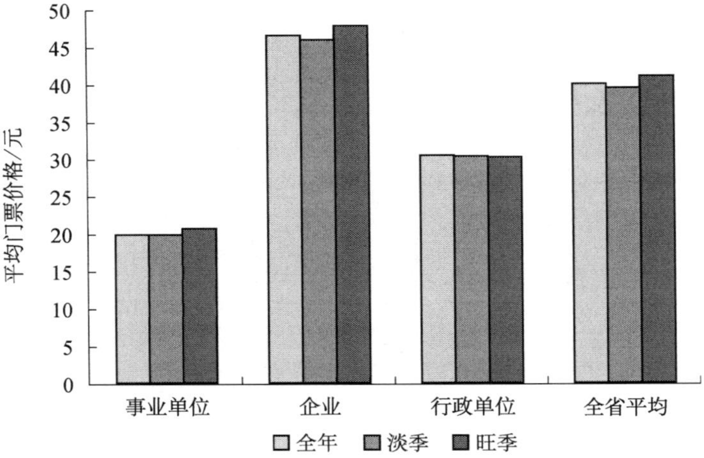

图 6-9　2015 年云南省 A 级旅游景区分体制平均门票价格

第四节　重　庆　市

重庆市是中国的直辖市之一，地处中国西南部，长江上游地区，地貌以丘陵、山地为主，北部、东部及南部分别有大巴山、巫山、武陵山、大娄山环绕，有“山城”之称。重庆地势由南北向长江河谷逐级降低，西北部和中部以丘陵、低山为主，东北部靠大巴山和东南部连武陵山两座大山脉。重庆市也是国家历史文化名城，具有 3000 多年悠久历史，其旅游资源也极为丰富，既拥有集山、水、林、泉、瀑、峡、洞等为一体的壮丽自然景色，又拥有熔巴渝文化、民族文化、移民文化、三峡文化、陪都文化、都市文化于一炉的浓郁文化景观，拥有中国南方喀斯特、重庆大足石刻等旅游资源。

2015 年，重庆市共有 A 级旅游景区 198 家，其中 5A 级景区 7 家，免门票和收门票景区分别为 104 家和 94 家，分别占全市 A 级景区总数的 52.53% 和 47.47%。景区旅游总收入达 91.32 亿元，其中门票收入为 13.42 亿元，占景区旅游总收入的 14.70%。游客接待量共计 0.87 亿人次，其中政策性免票游客和购票游客分别为 4855.40 万人次和 3882.95 万人次，分别占全市 A 级景区游客接待总量的 55.56%和 44.44%。

2015 年，重庆市积极支持响应中国旅游景区协会“5A、4A 级景区带头不上涨门票价格”倡议。全市包括 5A 级景区在内的数十家高等级景区签订“不上涨门票价格”协议，承诺三年内不涨价。

一、总体价格情况

2015 年，重庆市共有 94 家 A 级景区收门票，其中 27 家景区实行淡旺季票价。全市 A 级景区全年平均门票价格为 25 元，较 2014 年略有下降，降幅为 7.41%，且低于全国平均门票价格 19.35 个百分点。淡旺季平均门票价格分别为 23 元和 28 元（表 6-10）。

表 6-10　2014～2015 年重庆市 A 级景区全年及淡旺季平均门票价格总体情况

全年平均门票价格			淡季平均门票价格	旺季平均门票价格
2014 年	2015 年	增长率		
27 元	25 元	−7.41%	23 元	28 元

景区游客人均门票负担及门票福利（表 6-11）：2015 年重庆市 A 级景区所有游客人均门票负担和购票游客人均门票负担分别为 15.36 元和 34.57 元，其中所有游客人均门票负担较 2014 年减少 3.87 元，下降 20.12%，购票游客人均门票负担较 2014 年减少 1.98 元，下降 5.42%，分别低于全国平均水平 27.58 和 9.31 个百分点。此外，2015 年重庆市 A 级景区门票福利共计 12.14 亿元，占全国景区门票福利总额的 2.34%，较上年增加 3.46 亿元，增长

39.86%。

表 6-11　2014～2015 年重庆市 A 级景区分等级人均门票负担及门票福利统计

项目	2014 年	2015 年	增量	增长率/%
所有游客人均门票负担/元	19.23	15.36	−3.87	−20.12
购票游客人均门票负担/元	36.55	34.57	−1.98	−5.42
门票福利/亿元	8.68	12.14	3.46	39.86

景区平均门票价格占居民人均月收入和月消费支出比重（表 6-12）：2015 年，重庆市城镇、农村及全省居民人均月收入分别为 2270 元、875 元和 1676 元，重庆市城镇、农村及全省居民人均月消费支出为 1645 元、745 元和 1262 元。A 级景区平均门票价格分别占城镇、农村及全省居民人均月收入的 1.10%、2.86%和 1.49%，分别占城镇、农村及全省居民人均月消费支出的 1.52%、3.36%和 1.98%。与 2014 年相比，所有占比均呈下降态势，其中平均门票价格占农村居民人均月消费支出比重降速最快，为 10.64%，占城镇居民人均月消费支出比重降速最慢，为 7.32%。

表 6-12　2014～2015 年重庆市 A 级景区平均门票价格占居民人均月收入和月消费支出比重

（单位：%）

年份	占居民人均月收入比重			占居民人均月消费支出比重		
	城镇	农村	全市	城镇	农村	全市
2014	1.19	3.16	1.63	1.64	3.76	—
2015	1.10	2.86	1.49	1.52	3.36	1.98

二、分等级 A 级景区门票价格

从景区等级结构来看，2015 年重庆市 3A 和 4A 级景区数量相对较多，分别为 77 家和 68 家，分别占全省 A 级景区总数的 38.89%和 34.34%；1A 级和 5A 级景区相对较少，分别为 2 家和 7 家，分别占全省 A 级景区总数的

1.01%和 3.54%。2A 级景区 44 家，占比 22.22%。

除 1A 级景区免门票外，其他等级 A 级景区均收门票。其中 5A 级景区全年平均门票价格最高，为 158 元；其次是 4A 级景区，为 36 元；2A 级和 3A 级景区相对较低，分别为 12 元和 11 元。淡旺季平均门票价格同样也以 5A 级景区最高，分别为 140 元和 178 元，其次是 4A 级景区，分别为 32 元和 40 元（图 6-10）。

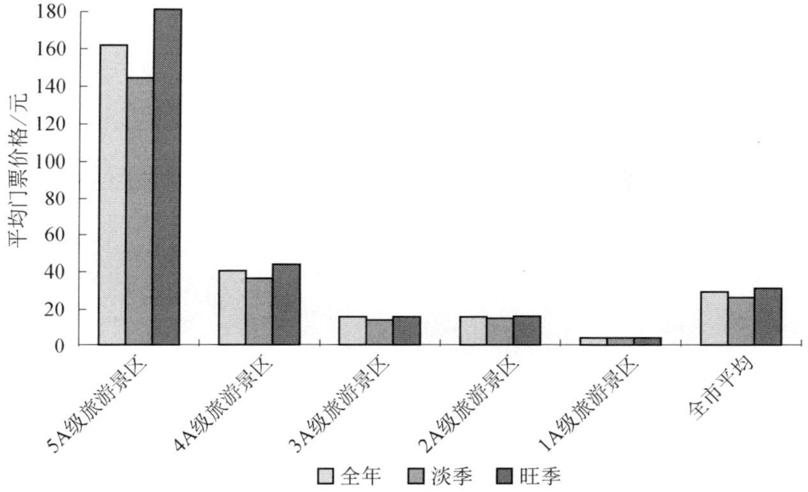

图 6-10　2015 年重庆市 A 级景区分等级平均门票价格

三、分类型 A 级景区门票价格

从景区类型（图 6-11）来看，2015 年重庆市 A 级景区以度假休闲类景区数量最多，共 48 家，占全省 A 级景区总数的 24.24%；其次是自然景观类景区，分别为 44 家，占比为 22.22%；主题游乐类、工业旅游类和科技教育类景区相对较少，分别为 5 家、4 家和 3 家，占比分别为 2.53%、2.02%和 1.52%；其他类型景区共计 94 家，占比为 47.47%。

各类型 A 级景区全年平均门票价格以主题游乐类景区最高，为 75 元；其次是自然景观类和科技教育类景区，分别为 48 元和 35 元；红色旅游类和博物馆类景区全年平均门票价格相对较低，分别为 4 元和 7 元。此外，淡季平均门票价格同样以主题游乐类景区最高，为 72 元；其次是自然景观类和科技教育类景区，分别为 43 元和 30 元。旺季平均门票价格还是主题游乐类景区最高，为 80 元，其次是自然景观类和科技教育类景区，分别为 54 元和 40 元。

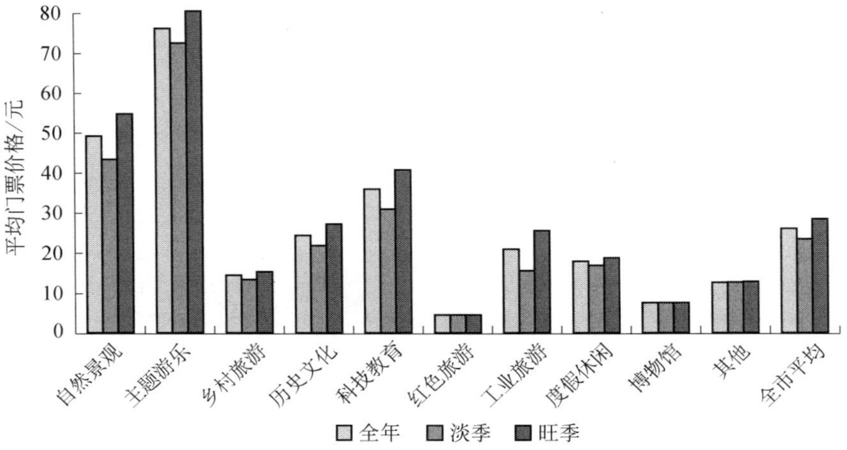

图 6-11　2015 年重庆市 A 级景区分类型平均门票价格

四、分体制 A 级景区门票价格

从景区经营体制来看，2015 年重庆市 A 级景区以企业为经营主体的景区数量最多，共 135 家，占全省 A 级景区总数的 68.18%；其次是以事业单位为经营主体的景区，共 57 家，占比为 28.79%；以行政单位为经营主体的景区最少，仅 6 家，占比为 3.03%。

各经营体制 A 级景区除行政单位性质免门票外，其他体制景区均收门费。其中全年平均门票价格以企业为经营主体的景区最高，为 30 元/景区，其次是以事业单位为经营主体的景区，为 17 元。淡旺季平均门票价格同样也以企业为经营主体的景区最高，分别为 27 元和 33 元；其次是以事业单位为经营主体的景区，分别为 33 元和 17 元（图 6-12）。

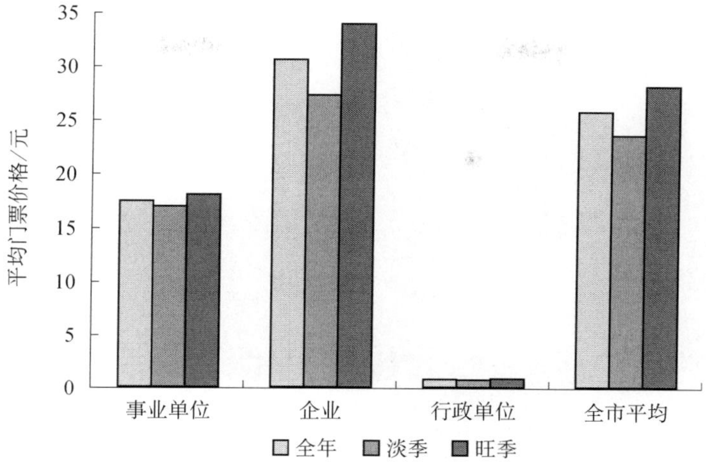

图 6-12　2015 年重庆市 A 级旅游景区分体制平均门票价格

第七章

西北片区 A 级景区门票价格情况

西北片区主要包括甘肃省、青海省、陕西省、宁夏回族自治区、新疆维吾尔自治区和新疆生产建设兵团。西北片区旅游资源丰富，旅游景区数量较多， A 级景区 952 家，其中 5A 级景区 26 家，拥有丝绸之路、秦始皇陵及兵马俑、敦煌莫高窟、新疆天山等世界级旅游资源。该片区 A 级景区全年平均门票价格为 21 元，其中宁夏回族自治区最高，为 34 元，高于全区 A 级景区平均票价 61.90 个百分点。新疆生产建设兵团 A 级景区全年平均门票价格最低，为 10 元，低于全区平均票价 52.38 个百分点。

第一节 甘 肃 省

甘肃省地处黄河上游，连通黄土高原、青藏高原和内蒙古高原，东通陕西，南瞰巴蜀、青海，西达新疆，北扼内蒙古、宁夏，是连接中部与西部的专廊，也是古丝绸之路的锁匙之地和黄金路段。甘肃历史跨越8000余年，是中华民族和华夏文明的重要发祥地之一，有“河岳根源、羲轩桑梓”的美誉。省内拥有敦煌莫高窟、丝绸之路等旅游景区。

2015年，甘肃省共有A级旅游景区217家，其中5A级景区4家，免门票和收门票景区分别为117家和100家，分别占全省A级景区总数的53.92%和46.08%。景区旅游总收入达54.18亿元，其中门票收入为12.43亿元，占景区旅游总收入的22.94%。游客接待量共计0.71亿人次，其中政策性免票游客和购票游客分别为3683.36万人次和3385.50万人次，分别占全省A级景区游客接待总量的52.11%和47.89%。

2015年，甘肃莫高窟、麦积山景区门票违规涨价被相关媒体报道。报道指出，甘肃省原计划于2015年10月10日起将麦积山门票价格从70元调整为110元，一次性调涨幅度达57%，涨幅超限，属“超标提价”。莫高窟将数字展示中心门票打包进入景区门票，违反了“相邻的参观点门票合并成联票，应低于各参观点价格相加总和”的规定。因此，甘肃省发改委对敦煌莫高窟、麦积山等景区的门票价格调整方案进行了修改，敦煌莫高窟数字展示中心门票不再并入景区统一门票，由游客自由选择；原本准备由70元调整至110元的麦积山景区门票将下调至90元，涨价幅度降为28.57%。

一、总体价格情况

2015年，甘肃省共有100家A级景区收门票，其中16家景区实行淡旺季票价。全省A级景区全年平均门票价格为16元，较2014年略有上涨，增幅为6.67%，但与全国A级景区平均门票价格相比，低48.39个百分点。全省A级景区淡旺季平均门票价格分别为15元和17元（表7-1）。

景区游客人均门票负担及门票福利（表7-2）：2015年甘肃省A级景区所有游客人均门票负担和购票游客人均门票负担分别为17.58元和36.71元，其中所有游客人均门票负担较2014年减少1.15元，下降6.14%，购票游客人均门票负担较 2014 年减少 6.60 元，下降 15.24%，分别低于全国平均水平 17.11 和 3.70 个百分点。此外，2015 年甘肃省 A 级景区门票福利共计 5.89 亿元，占全国景区门票福利总额的 1.13%，较 2014 年增加 1.93 亿元，增长 48.74%。

表 7-1　2014～2015 年甘肃省 A 级景区全年及淡旺季平均门票价格总体情况

全年平均门票价格			淡季平均门票价格	旺季平均门票价格
2014年	2015年	增长率		
15 元	16 元	6.67%	15 元	17 元

表 7-2　2014～2015 年甘肃省 A 级景区分等级门票负担及门票福利统计

项目	2014 年	2015 年	增量	增长率/%
所有游客人均门票负担/元	18.73	17.58	−1.15	−6.14
购票游客人均门票负担/元	43.31	36.71	−6.60	−15.24
门票福利/亿元	3.96	5.89	1.93	48.74

景区平均门票价格占居民人均月收入和月消费支出比重（表 7-3）：2015 年甘肃省城镇、农村居民人均月收入分别为 1981 元和 578 元，甘肃省城镇、农村居民人均月消费支出分别为 1454 元和 569 元。A 级景区平均门票价格分别占城镇、农村居民人均月收入的 0.81%和 2.77%，分别占城镇、农村居民人均月消费支出的 1.10%和 2.81%。与 2014 年相比，平均门票价格占农村居民人均月消费支出的比重降速最快，为 22.80%；平均门票价格占城镇居民人均月消费支出的比重降速最慢，为 11.29%。

表 7-3　2014～2015 年甘肃省 A 级景区平均门票价格占居民人均月收入和月消费支出比重

（单位：%）

年份	占居民人均月收入比重			占居民人均月消费支出比重		
	城镇	农村	全省	城镇	农村	全省
2014	0.92	3.35	—	1.24	3.64	—
2015	0.81	2.77	—	1.10	2.81	—

二、分等级 A 级景区门票价格

从景区等级结构来看，2015 年甘肃省 2A 级和 4A 级景区数量相对较多，分别为 77 家和 70 家，分别占全省 A 级景区总数的 35.48%和 32.26%；其次是 3A 级景区，为 64 家，占比为 29.49%；1A 级和 5A 级景区相对较少，分别为 2 家和 4 家，占比分别为 0.92%和 1.84%。

5A 级景区全年平均门票价格最高，为 103 元；其次是 4A 级景区，为 31 元，3A 级和 1A 级景区平均门票价格相等，均为 8 元；2A 级景区最低，为 6 元。淡季平均门票价格同样也以 5A 级景区最高，为 93 元；其次是 4A 级景区，为 29 元。旺季平均门票价格也以 5A 级景区最高，为 113 元；其次是 4A 级景区，为 32 元（图 7-1）。

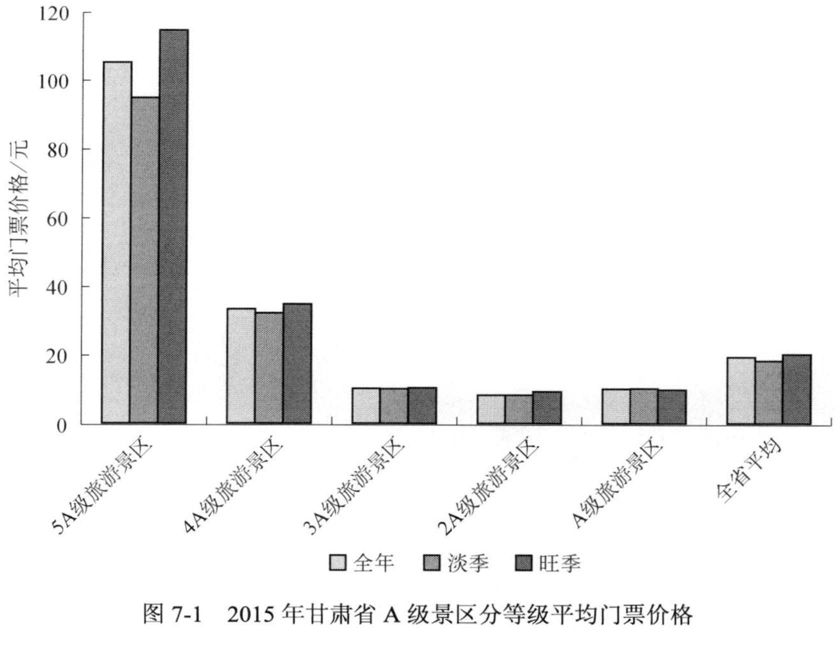

图 7-1 2015 年甘肃省 A 级景区分等级平均门票价格

三、分类型A级景区门票价格

从景区类型来看，2015年甘肃省A级景区以自然景观类和历史文化类景区数量相对较多，分别为68家和56家，分别占全省A级景区总数的31.34%和25.81%；其次是度假休闲类景区，为41家，占比18.89%；科技教育类、工业旅游类和乡村旅游类景区相对较少，分别为2家、2家和3家，占比分别为0.92%、0.92%和1.38%；其他类型景区共计45家，占比20.74%。

各类型A级景区除红色旅游类景区免门票外，其他类型景区均收门票。其中全年平均门票价格以主题游乐类景区最高，为51元；其次是工业旅游类和自然景观类景区，分别为25元和23元；度假休闲类和博物馆类景区全年平均门票价格相对较低，分别为5元和12元。此外，淡季平均门票价格同样以主题游乐类景区最高，为49元；其次是工业旅游类和自然景观类景区，分别为25元和21元。旺季平均门票价格还是自然景观类景区最高，为53元；其次是工业旅游类和自然景观类景区，分别为25元和26元（图7-2）。

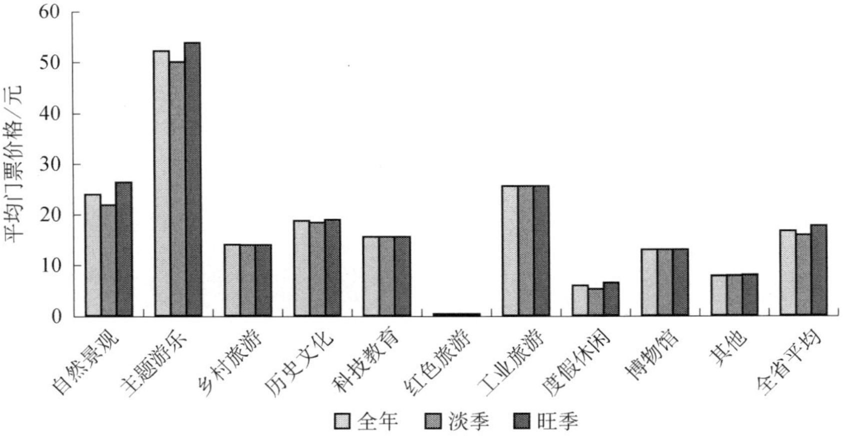

图7-2　2015年甘肃省A级景区分类型平均门票价格

四、分体制 A 级景区门票价格

从景区经营体制来看，2015 年甘肃省 A 级景区以事业单位为经营主体的景区数量最多，共 114 家，占全省 A 级景区总数的 52.53%；其次是以企业为经营主体的景区，共 101 家，占比为 46.54%；以行政单位为经营主体的景区最少，仅 2 家，占比为 0.92%。

以行政单位为经营主体的景区全年平均门票价格最高，为 18 元；其次是以企业为经营主体的景区，为 17 元；以事业单位为经营主体的景区平均门票价格最低，为 15 元。淡季平均门票价格同样也以行政单位为经营主体的景区最高，为 18 元；其次是以企业和事业单位为经营主体的景区，分别为 16 元和 15 元。旺季平均门票价格以企业和行政单位为经营主体的景区最高，均为 18 元；其次是以事业单位为经营主体的景区，为 16 元（图 7-3）。

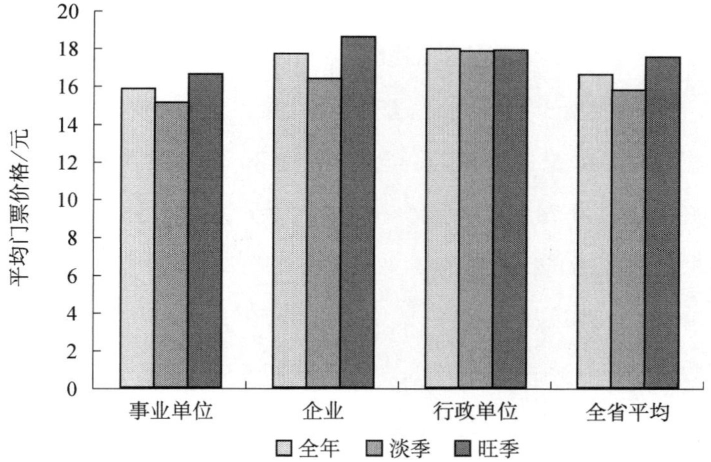

图 7-3　2015 年甘肃省 A 级旅游景区分体制平均门票价格

第二节 青 海 省

青海省位于青藏高原东北部，与新疆维吾尔自治区、甘肃省、四川省、西藏自治区四省区比邻，是“一带一路”中重要的商贸物流枢纽、重要产业和人文交流基地。青海省是长江、黄河、澜沧江的发源地，被誉为“江河源头”“中华水塔”。省内呈现出高山、峡谷、盆地、高原、台地等复杂多样的地形地貌，也有“世界屋脊”的美称。青海自然风光雄奇壮美，独具青藏高原特色，以古墓群、古寺庙、古岩画、古城堡为特征的名胜古迹众多，至今仍保留着丰富多彩的民族风情和习俗。

2015 年，青海省共有 A 级旅游景区 79 家，其中 5A 级景区 2 家，免门票和收门票景区分别为 52 家和 27 家，分别占全省 A 级景区总数的 65.82% 和 34.18%。景区旅游总收入达 29.75 亿元，其中门票收入为 4.12 亿元，占景区旅游总收入的 13.85%。游客接待量共计 0.20 亿人次，其中政策性免票游客和购票游客分别为 745.43 万人次和 1220.88 万人次，分别占全省 A 级景区游客接待总量的 37.91%和 62.09%。

2015 年，青海省许多旅游门票均未涨价。在中国旅游景区协会的大力倡议下，包括青海湖、塔尔寺两家 5A 级景区和 17 家 4A 级景区签订不上涨门票价格协议，承诺三年内不涨价。

一、总体价格情况

2015 年，青海省共有 27 家 A 级景区收门票，其中 11 家景区实行淡旺季票价。全省 A 级景区全年平均门票价格为 17 元，较 2014 年上涨 13.33%，且与全国 A 级景区平均门票价格相比，低出 45.16 个百分点。淡旺季平均门票价格分别为15元和18元（表7-4）。

表7-4　2014～2015年青海省A级景区全年及淡旺季平均门票价格总体情况

全年平均门票价格			淡季平均门票价格	旺季平均门票价格
2014年	2015年	增长率		
15元	17元	13.33%	15元	18元

景区游客人均门票负担及门票福利（表7-5）：2015年青海省A级景区所有游客人均门票负担和购票游客人均门票负担分别为20.95元和33.74元，其中所有游客人均门票负担较2014年增加13.86元，增速高达195.49%；购票游客人均门票负担较2014年增加25.69元，增速高达319.13%，但分别低于全国平均水平1.23和11.49个百分点。此外，2015年青海省A级景区门票福利共计1.27亿元，占全国景区门票福利总额的0.24%，较2014年增加0.55亿元，增长76.39%。

表7-5　2014～2015年青海省A级景区分等级人均门票负担及门票福利统计

项目	2014年	2015年	增量	增长率/%
所有游客人均门票负担/元	7.09	20.95	13.86	195.49
购票游客人均门票负担/元	8.05	33.74	25.69	319.13
门票福利/亿元	0.72	1.27	0.55	76.39

景区平均门票价格占居民人均月收入和月消费支出比重（表7-6）：2015年，青海省城镇、农村和全省居民人均月收入分别为2045元、661元和1318元，青海省城镇和农村居民人均月消费支出为1600元和714元。A级景区平均门票价格分别占城镇、农村和全省居民人均月收入的0.83%、2.57%和1.29%，分别占城镇和农村居民人均月消费支出的1.06%和2.38%。与2014年相比，平均门票价格占城镇居民人均月消费支出的比重降速最快，为9.40%，平均门票价格占农村居民人均月消费支出的比重降速最慢，为4.03%。

表 7-6　2014～2015 年青海省 A 级景区平均门票价格占居民人均月收入和月消费支出比重

（单位：%）

年份	占居民人均月收入比重			占居民人均月消费支出比重		
	城镇	农村	全省	城镇	农村	全省
2014	0.91	2.80	—	1.17	2.48	—
2015	0.83	2.57	1.29	1.06	2.38	—

二、分等级 A 级景区门票价格

从景区等级结构来看，2015 年青海省 3A 级景区数量最多，为 52 家，占全省 A 级景区总数的 65.82%；其次是 4A 级景区，为 18 家，占比为 22.78%；5A 级和 2A 级景区相对较少，分别为 2 家和 7 家，分别占全省 A 级景区总数的 2.53%和 8.86%。

5A 级景区全年平均门票价格最高，为 174 元；其次是 4A 级景区，为 39 元；3A 级和 2A 级景区相对较低，分别为 5 元和 1 元。淡季平均门票价格同样也以 5A 级景区最高，均为 175 元；其次是 4A 级景区，为 33 元。旺季平均门票价格也以 5A 级景区最高，均为 175 元；其次是 4A 级景区，为 44 元（图 7-4）。

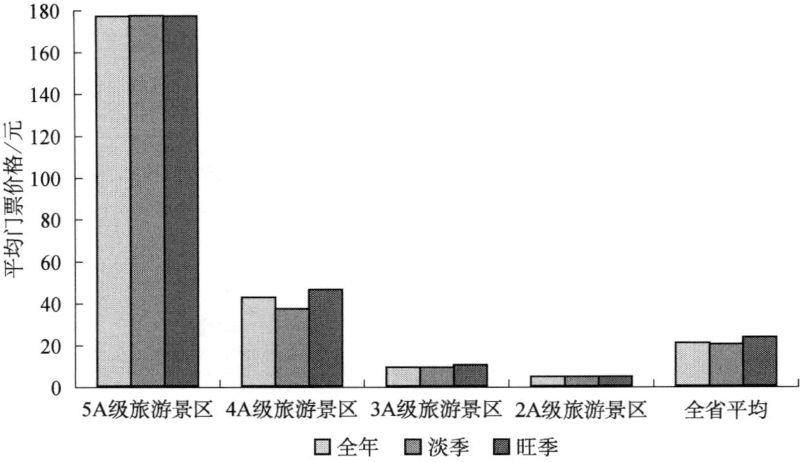

图 7-4　2015 年青海省 A 级景区分等级平均门票价格

三、分类型 A 级景区门票价格

从景区类型来看，2015 年青海省 A 级景区以自然景观类景区数量最多，共 31 家，占全省 A 级景区总数的 39.24%；其次是历史文化类景区，分别为 23 家，占比为 29.11%；乡村旅游、红色旅游和博物馆类景区相对较少，分别为 1 家、1 家和 5 家，占比分别为 1.27%、1.27%和 6.33%。其他类型景区共计 18 家，占比 22.78%。

各类型 A 级景区除乡村旅游类景区免门票外，其他类型景区均收门票。其中全年平均门票价格以红色旅游类景区最高，为 115 元；其次是自然景观类和历史文化类景区，分别为 22 元和 13 元；度假休闲类和博物馆类景区全年平均门票价格相对较低，分别为 10 元和 12 元。此外，淡季平均门票价格同样以红色旅游类景区最高，为 105 元；其次是自然景观类和历史文化类景区，分别为 19 元和 13 元。旺季平均门票价格还是红色旅游类景区最高，为 125 元；其次是自然景观类和历史文化类景区，分别为 24 元和 14 元（图 7-5）。

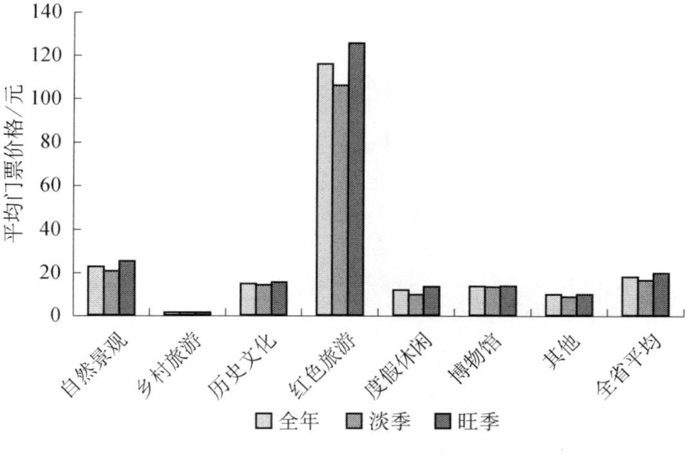

图 7-5 2015 年青海省 A 级景区分类型平均门票价格

四、分体制A级景区门票价格

从景区经营体制来看，2015年青海省A级景区以企业为经营主体的景区数量最多，共58家，占全省A级景区总数的73.42%；其次是以事业单位为经营主体的景区，共12家，占比为15.19%；以行政单位为经营主体的景区最少，为9家，占比为11.39%。

以企业为经营主体的景区全年平均门票价格最高，为20元；其次是以事业单位和行政单位为经营主体的景区，均为6元。淡季平均门票价格同样也以企业为经营主体的景区最高，为18元；其次是以事业单位和行政单位为经营主体的景区，分别为6元和5元。旺季平均门票价格也以企业为经营主体的景区最高，为23元；其次是以事业单位和行政单位为经营主体的景区，分别为6元和7元（图7-6）。

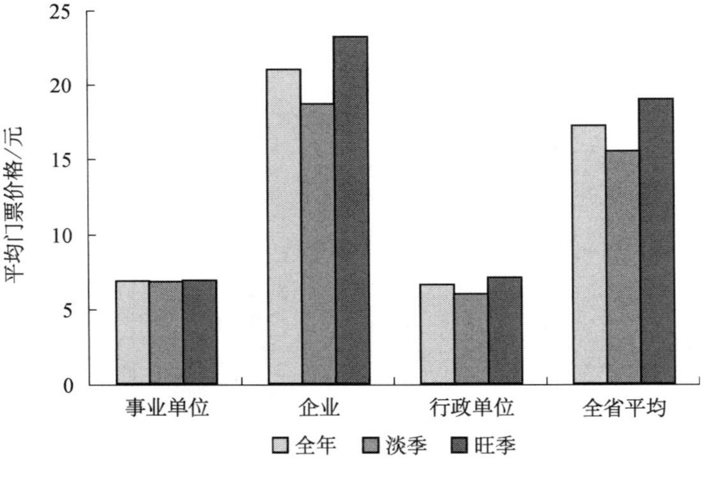

图7-6　2015年青海省A级旅游景区分体制平均门票价格

第三节　陕　西　省

陕西省位于西北内陆腹地，黄河和长江两大流域中部，是连接中国东部、西部、西北和西南地区的重要枢纽。陕西历史悠久，上古时为雍州、梁州所在，是炎帝故里及黄帝的葬地。陕西是八大古都之一，历史上留下的帝王陵墓达79座，被称为“东方金字塔”。境内拥有陕西秦始皇陵及兵马俑、丝绸之路等旅游资源。

2015年，陕西省共有A级旅游景区313家，其中5A级景区7家，免门票和收门票景区分别为114家和199家，分别占全省A级景区总数的36.42%和63.58%。景区旅游总收入达82.29亿元，其中门票收入为30.58亿元，占景区旅游总收入的37.16%。游客接待量共计1.46亿人次，其中政策性免票游客和购票游客分别为5883.78万人次和8716.79万人次，分别占全省A级景区游客接待总量的40.30%和59.70%。

2015年，陕西省以5A级景区为代表的高A级景区未涨价。陕西省2014年申报成功的丝绸之路世界文化遗产的7处遗产点（汉长安城未央宫遗址、唐长安城大明宫遗址、大雁塔、小雁塔、兴教寺塔、彬县大佛寺石窟、张骞墓）也未涨价，游客数量增幅较大。

一、总体价格情况

2015年，陕西省共有199家A级景区收门票，其中102家景区实行淡旺季票价。全省A级景区全年平均门票价格为29元，较2014年略有下降，降幅为3.33%，且低于全国平均门票价格6.45个百分点。淡旺季平均门票价格分别为26元和33元（表7-7）。

表 7-7　2014～2015 年陕西省 A 级景区全年及淡旺季平均门票价格总体情况

全年平均门票价格			淡季平均门票价格	旺季平均门票价格
2014年	2015年	增长率		
30 元	29 元	−3.33%	26 元	33 元

景区游客人均门票负担及门票福利（表 7-8）：2015 年，陕西省 A 级景区所有游客人均门票负担和购票游客人均门票负担分别为 20.95 元和 35.08 元。其中所有游客人均门票负担较 2014 年减少 4.19 元，下降 16.67%；购票游客人均门票负担较 2014 年减少 1.67 元，下降 4.54%，分别低于全国平均水平 1.23%和 7.97%。此外，2015 年陕西省 A 级景区门票福利共计 50.96 亿元，占全国景区门票福利总额的 9.81%，较 2014 年增长 24.84 亿元，增长 95.1%。

表 7-8　2014～2015 年陕西省 A 级景区分等级门票负担及门票福利统计

项目	2014 年	2015 年	增量	增长率/%
所有游客人均门票负担/元	25.14	20.95	−4.19	−16.67
购票游客人均门票负担/元	36.75	35.08	−1.67	−4.54
门票福利/亿元	26.12	50.96	24.84	95.10

景区平均门票价格占居民人均月收入和月消费支出比重（表 7-9）：2015 年陕西省城镇、农村及全省居民人均月收入分别为 2202 元、724 元和 1450 元，陕西省城镇和农村居民人均月消费支出为 1539 元和 658 元。A 级景区平均门票价格分别占城镇、农村及全省居民人均月收入的 1.32%、4.01%和 2.00%，分别占城镇和农村居民人均月消费支出的 1.88%和 4.41%。与 2014 年相比，除平均门票价格占城镇居民人均月收入比重上升 1.54%外，其他占比均呈下降态势，其中平均门票价格占全省居民人均月收入比重降速最快，下降了 11.89%；平均门票价格占城镇居民人均月消费支出比重降速最慢，为 8.29%。

表 7-9　2014～2015 年陕西省 A 级景区平均门票价格占居民人均月收入和月消费支出比重

（单位：%）

年份	占居民人均月收入比重			占居民人均月消费支出比重		
	城镇	农村	全省	城镇	农村	全省
2014	1.30	4.54	2.27	2.05	4.97	—
2015	1.32	4.01	2.00	1.88	4.41	—

二、分等级 A 级景区门票价格

从景区等级结构来看，2015 年陕西省 3A 级景区数量最多，为 182 家，占全省 A 级景区总数的 58.15%；其次是 4A 级和 2A 级景区，分别为 80 家和 43 家，分别占全省 A 级景区总数的 25.56%和 13.74%；5A 级和 1A 级景区数量相对较少，分别为 7 家和 1 家，分别占全省 A 级景区总数的 2.24%和 0.32%。

5A 级景区全年平均门票最高，为 109 元；其次是 4A 级景区，为 50 元；3A 级和 1A 级景区平均门票价格分别为 22 元和 30 元；2A 级景区平均门票价格最低，仅为 8 元。淡季平均门票价格同样也以 5A 级景区最高，为 99 元；其次是 4A 级景区，为 43 元；2A 级景区最低，为 7 元。旺季门票价格以 5A 级景区最高，为 137 元；其次是 4A 级景区，为 57 元；2A 级景区门票价格最低，为 8 元（图 7-7）。

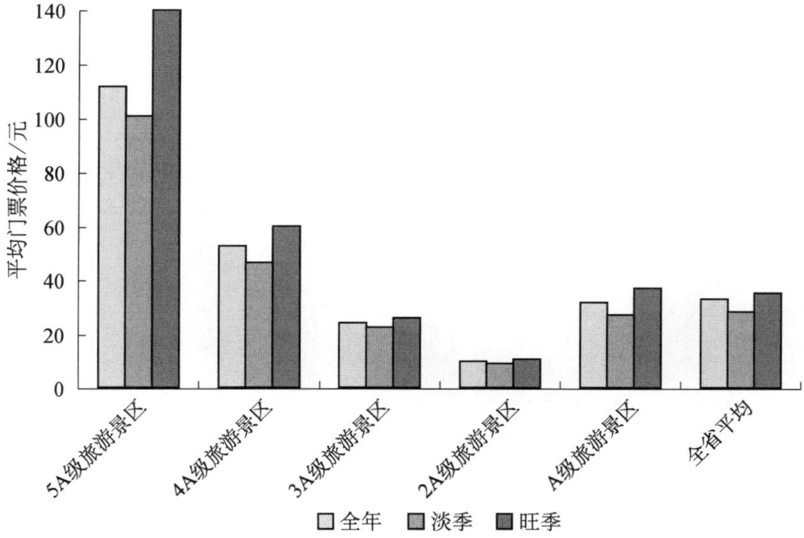

图 7-7　2015 年陕西省 A 级景区分等级平均门票价格

三、分类型A级景区门票价格

从景区类型来看，2015年陕西省A级景区以自然景观类景区数量最多，共85家，占全省A 级景区总数的27.16%；其次是历史文化类和博物馆类景区，分别为82家和49家，占比为26.20%和15.65%；度假休闲类景区，为31家，占比为9.90%；科技教育类景区最少，仅2家，占比为0.64%；其他类型景区共计64家，占比20.45%。

全年平均门票价格（图7-8）以主题游乐类景区最高，为51元；其次是自然景观类和度假休闲类景区，分别为40元和32元；红色旅游类景区平均门票价格最低，仅为4元。淡季平均门票价格中以主题游乐类景区最高，为45元；其次是自然景观和度假休闲类景区，分别为33元和28元；红色旅游类景区价格最低，为4元。旺季平均门票价格同样是主题游乐类景区最高，为57元；其次是自然景观类和度假休闲类景区，分别为46元和36元；红色旅游类景区旺季平均门票价格最低，为5元。

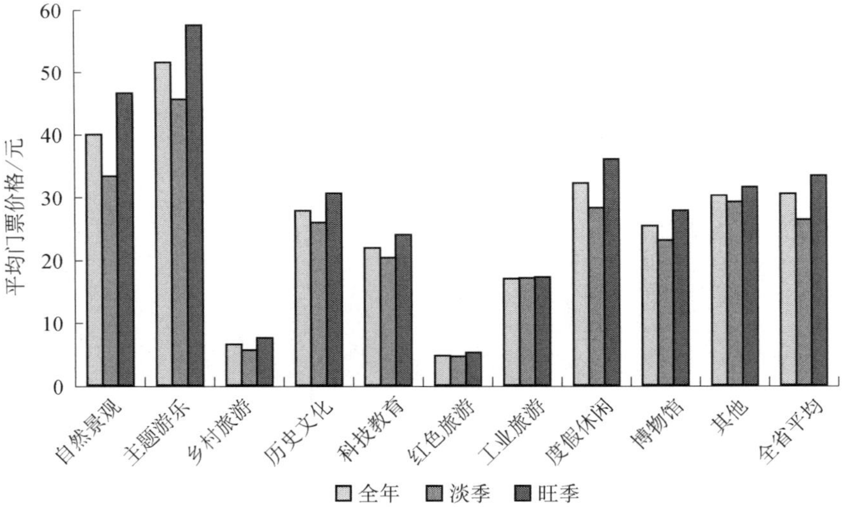

图7-8　2015年陕西省A级景区分类型平均门票价格

四、分体制A级景区门票价格

从景区经营体制来看，2015年陕西省A级景区以企业为经营主体的景区数量最多，共178家，占全省A级景区总数的56.87%；其次是以事业单位为经营主体的景区，共132家，占比为42.17%；以行政单位为经营主体的景区最少，仅3家，占比为0.96%。

全年平均门票价格（图7-9）以企业为经营主体的景区最高，为34元；其次是以事业单位为经营主体的景区，为24元；以行政单位为经营主体的景区免票。淡季平均门票价格同样也以企业为经营主体的景区最高，为29元；以事业单位为经营主体的景区，为22元。旺季平均门票价格以企业为经营主体的景区最高，为38元；以事业单位为经营主体的景区为27元。

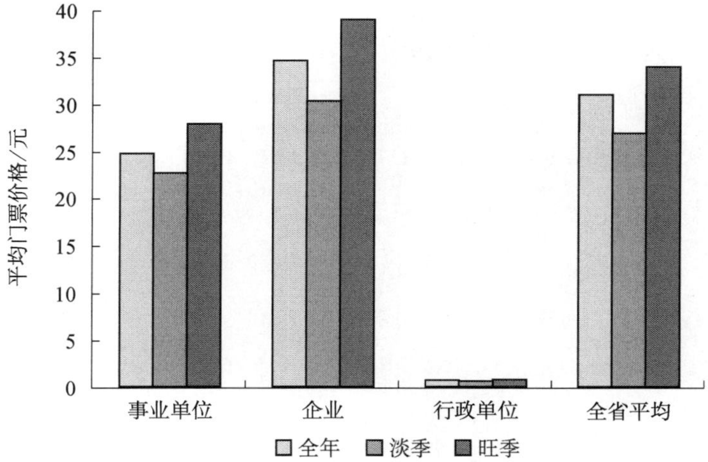

图7-9　2015年陕西省A级旅游景区分体制平均门票价格

第四节　宁夏回族自治区

宁夏回族自治区地处黄河上游地区，东邻陕西省，西部、北部接内蒙古自治区，南部与甘肃省相连，2015 年底总人口 667.8 万，其中回族占 36%，是全国最大的回族聚居区。宁夏回族自治区位于“丝绸之路”上，曾是东西部交通贸易的重要通道，黄河流经这里，所以同样有古老悠久的黄河文明。地势南高北低，属大陆性气候，由北部引黄灌区、中部干旱带、南部山区三部分构成，素有“塞上江南”的美誉。

2015 年，宁夏回族自治区共有 A 级旅游景区 40 家，其中 5A 级景区 4 家，免门票和收门票景区分别为 6 家和 34 家，分别占全区 A 级景区总数的 15.00%和 85.00%。景区旅游总收入达 10.40 亿元，其中门票收入为 4.67 亿元，占景区旅游总收入的 44.90%。游客接待量共计 0.17 亿人次，其中政策性免票游客和购票游客分别为 494.60 万人次和 1169.99 万人次，分别占全区 A 级景区游客接待总量的 29.71%和 70.29%。

2015 年，宁夏回族自治区积极响应国家旅游局为期三年的“全国旅游价格信得过景区”创建活动，全区共计 10 家 A 级景区（1 家 5A 级、9 家 4A 级），承诺三年内景区门票价格不上涨，主要包括港中旅（宁夏）沙坡头旅游景区、西夏陵风景名胜区、苏峪口国家森林公园、水洞沟旅游区、鸣翠湖国家湿地公园、青铜峡黄河大峡谷·中华黄河坛旅游区、腾格里沙漠湿地·金沙岛旅游区、须弥山旅游区、固原博物馆、宁夏科学技术馆。

一、总体价格情况

2015 年，宁夏回族自治区共有 34 家 A 级景区收门票，其中 13 家景区实行淡旺季票价。全区 A 级景区全年平均门票价格为 34 元，较 2014 年上升 9.68%，较全国平均门票价格高出 9.68%。淡旺季平均门票价格分别为 29 元和 38 元（表 7-10）。

表 7-10 2014～2015 年宁夏回族自治区 A 级景区全年及淡旺季平均门票价格总体情况

全年平均门票价格			淡季平均门票价格	旺季平均门票价格
2014年	2015年	增长率		
31 元	34 元	9.68%	31 元	38 元

景区游客人均门票负担及门票福利（表 7-11）：2015 年宁夏回族自治区 A 级景区所有游客人均门票负担和购票游客人均门票负担分别为 28.03 元和 39.88 元。其中所有游客人均门票负担较 2014 年减少 9.52 元，下降 25.35%；购票游客人均门票负担较 2014 年减少 11.23 元，下降 21.97%，分别高于全国平均水平 32.15 和 4.62 个百分点。此外，2015 年宁夏回族自治区 A 级景区门票福利共计 1.68 亿元，占全国景区门票福利总额的 0.32%，较上年增加 0.72 亿元，增长 75.00%。

表 7-11 2014～2015 年宁夏回族自治区 A 级景区分等级人均门票负担及门票福利统计

项目	2014 年	2015 年	增量	增长率/%
所有游客人均门票负担/元	37.55	28.03	−9.52	−25.35
购票游客人均门票负担/元	51.11	39.88	−11.23	−21.97
门票福利/亿元	0.96	1.68	0.72	75.00

景区平均门票价格占居民人均月收入和月消费支出比重（表 7-12）：2015 年宁夏回族自治区城镇、农村及全区居民人均月收入分别为 2099 元、760 元和 1444 元，A 级景区平均门票价格分别占城镇、农村及全区居民人均月收入的 1.62%、4.47%和 2.35%。与 2014 年相比，平均门票价格占全区居民人均月收入的比重降速最快，为 8.20%；平均门票价格占城镇居民人均月收入的比重降速最慢，为 7.43%。

表 7-12 2014～2015 年宁夏回族自治区 A 级景区平均门票价格占居民人均月收入和月消费支出的比重 （单位：%）

年份	占居民人均月收入比重			占居民人均月消费支出比重		
	城镇	农村	全区	城镇	农村	全区
2014	1.75	4.85	2.56	—	—	—
2015	1.62	4.47	2.35	—	—	—

二、分等级 A 级景区门票价格

从景区等级结构来看，2015 年宁夏回族自治区 3A 级景区数量最多，为 16 家，占全区 A 级景区总数的 40.00%；4A 级和 2A 级景区相对较少，均为 10 家，占比为 25.00%；5A 级景区最少，为 4 家，占比为 10.00%。

5A 级景区全年平均门票价格最高，为 74 元；其次是 4A 级和 3A 级景区，分别为 37 元和 34 元；2A 级景区最低，为 16 元。淡季平均门票价格同样也以 5A 级景区最高，为 63 元；其次是 4A 级景区，为 34 元；2A 级景区最低，为 14 元。旺季平均门票价格也以 5A 级景区最高，为 84 元；其次是 4A 级和 3A 级景区，分别为 39 元和 38 元（图 7-10）。

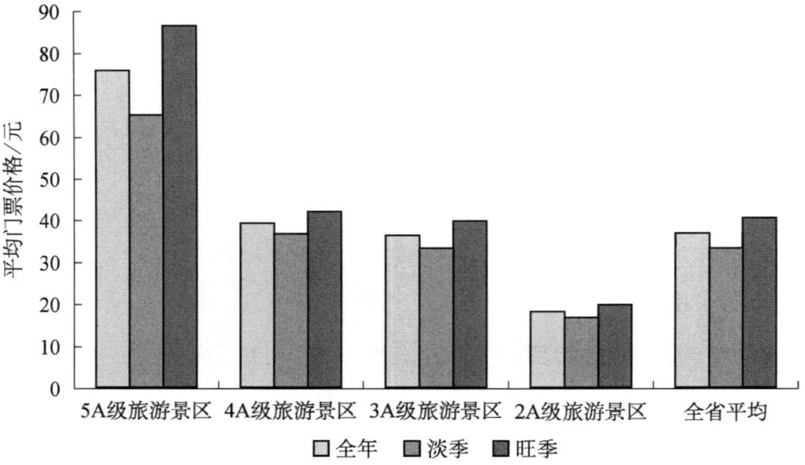

图 7-10 2015 年宁夏回族自治区 A 级景区分等级平均门票价格

三、分类型A级景区门票价格

从景区类型来看，2015年宁夏回族自治区A级景区以自然景观类景区数量最多，为12家，占全区A 级景区总数的30.00%；其次是历史文化类景区，为10家，占比为25.00%；科技教育、红色旅游和工业旅游类景区最少，均为1家，占比均为2.50%。其他类型景区共计15家，占比37.50%。

除科技教育类、红色旅游类景区免门票外，其他类型景区均收门票。其中全年平均门票价格以历史文化类景区最高，为52元；其次是自然景观类和度假休闲类景区，分别为48元和31元；工业旅游类和博物馆类景区全年平均门票价格相对较低，分别为20元和3元。此外，淡季平均门票价格同样以历史文化类景区最高，为48元；其次是自然景观类和度假休闲类景区，分别为42元、29元。旺季平均门票价格还是以历史文化类景区最高，为56元；其次是自然景观类和度假休闲类景区，分别为53元和34元（图7-11）。

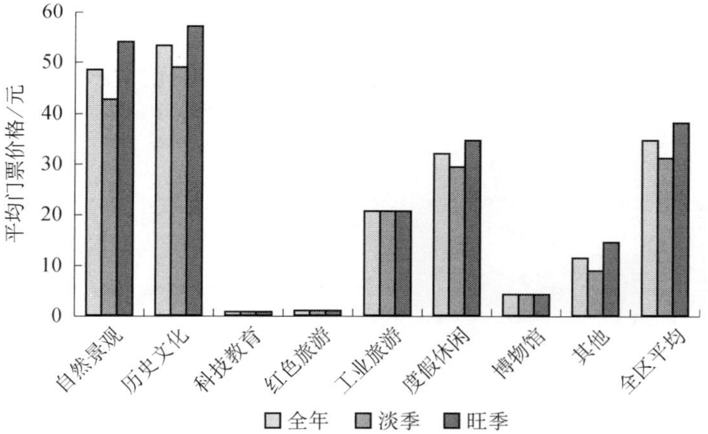

图7-11 2015年宁夏回族自治区A级景区分类型平均门票价格

四、分体制A级景区门票价格

从景区经营体制来看，2015年宁夏回族自治区A级景区以企业为经营主体的景区数量最多，共29家，占全区A 级景区总数的72.50%；其次是以事业单位为经营主体的景区，共 11 家，占比为 27.50%。

以企业为经营主体的景区全年平均门票价格最高，为 39 元；其次是以事业单位为经营主体的景区，为 22 元。淡季平均门票价格同样也以企业为经营主体的景区最高，为 34 元；其次是以事业单位为经营主体的景区，为 22 元。旺季平均门票价格也以企业为经营主体的景区最高，为 43 元；其次是以事业单位为经营主体的景区，为 22 元（图 7-12）。

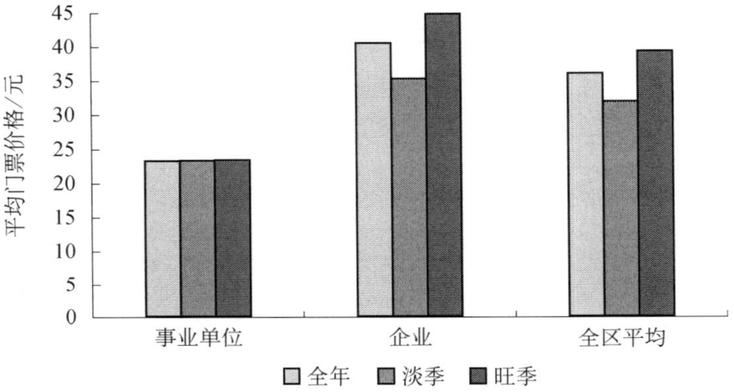

图 7-12　2015 年宁夏回族自治区 A 级旅游景区分体制平均门票价格

第五节　新疆维吾尔自治区

新疆维吾尔自治区地处亚欧大陆中部，与俄罗斯、哈萨克斯坦、吉尔吉斯斯坦、塔吉克斯坦、巴基斯坦、蒙古国、印度、阿富汗斯坦八国接壤，是古丝绸之路的重要通道，也是第二座“亚欧大陆桥”的必经之地。新疆幅员辽阔、地大物博、山川壮丽、古迹遍地、民族众多、民俗奇异，是举世闻名的歌舞之乡、瓜果之乡、黄金玉石之邦。旅游资源极为丰富，全国旅游资源共有 68 种，而新疆就有 56 种，占全国旅游资源类型的 83%，其中有新疆天山、丝绸之路等著名旅游资源，是体验民族风情的重要旅游地之一。

2015年，新疆维吾尔自治区共有A级旅游景区262家，其中5A级景区9家，免门票和收门票景区分别为116家和146家，分别占全区A级景区总数的44.27%和55.73%。景区旅游总收入达45.86亿元，其中门票收入为6.36亿元，占景区旅游总收入的13.87%。游客接待量共计0.36亿人次，其中政策性免票游客和购票游客分别为1714.59万人次和1873.38万人次，分别占全区A级景区游客接待总量的47.79%和52.21%。

2015年，新疆维吾尔自治区积极响应国家旅游局有关抑制景区门票上涨的倡议，先后有108家景区进入"全国旅游价格信得过景区"名单，42家景区签订"不上涨门票价格"承诺。此外，新疆维吾尔自治区还大力推出新疆旅游"卡卡通"、节庆门票优惠等活动。但仍有部分景区纷纷上涨门票价格，如喀纳斯景区门票价格由150元调整为185元；天池景区门票价格由100元调整为125元；乌鲁木齐天山大峡谷景区门票价格由50元调整为75元；那拉提景区门票价格由75元调整为95元；吐鲁番葡萄沟景区门票价格由60元调整为75元；巩留县库尔德宁景区门票价格由35元调整为60元；巴音布鲁克天鹅湖景区门票价格由48元调整为65元。

一、总体价格情况

2015年，新疆维吾尔自治区共有146家A级景区收门票，其中31家景区实行淡旺季票价。全区A级景区全年平均门票价格为17元，较2014年略有上涨，增幅为6.25%，但低于全国平均门票价格45.16个百分点。淡旺季平均门票价格分别为16元和19元（表7-13）。

表7-13　2014～2015年新疆维吾尔自治区A级景区平均门票价格总体情况

全年平均门票价格			淡季平均门票价格	旺季平均门票价格
2014年	2015年	增长率		
16元	17元	6.25%	16元	19元

景区游客人均门票负担及门票福利（表 7-14）：2015 年新疆维吾尔自治区 A 级景区所有游客人均门票负担和购票游客人均门票负担分别为 17.72 元和 33.94 元，其中所有游客人均门票负担较 2014 年增加 3.58 元，增长 25.32%，购票游客人均门票负担较 2014 年增加 9.52 元，增长 37.461%，分别低于全国平均水平 16.45 和 10.97 个百分点。此外，2015 年新疆维吾尔自治区 A 级景区门票福利共计 2.91 亿元，占全国景区门票福利总额的 0.56%，较 2014 年增加 1.09 亿元，增长 59.89%。

表 7-14　2014～2015 年新疆维吾尔自治区 A 级景区分等级门票负担及门票福利统计

项目	2014 年	2015 年	增量	增长率/%
所有游客人均门票负担/元	14.14	17.72	3.58	25.32
购票游客人均门票负担/元	24.69	33.94	9.25	37.46
门票福利/亿元	1.82	2.91	1.09	59.89

景区平均门票价格占居民人均月收入和月消费支出比重（表 7-15）：2015 年新疆维吾尔自治区城镇、农村及全区居民人均月收入分别为 2190 元、785 元和 1405 元。A 级景区平均门票价格分别占城镇、农村及全区居民人均月收入的 0.78%、2.17%和 1.21%。与 2014 年相比，三个比值均呈下降态势，其中平均门票价格占城镇居民人均月收入的比重降速最快，为 64.06%；平均门票价格占农村居民人均月收入降速最慢，为 62.46%。

表 7-15　2014～2015 年新疆维吾尔自治区 A 级景区平均门票价格占居民人均月收入和月消费支出比重　　（单位：%）

年份	占居民人均月收入比重			占居民人均月消费支出比重		
	城镇	农村	全区	城镇	农村	全区
2014	2.17	5.78	3.34	—	—	—
2015	0.78	2.17	1.21	—	—	—

二、分等级 A 级景区门票价格

从景区等级结构来看，2015 年新疆维吾尔自治区 2A 级和 3A 级景区数量相对较多，分别为 110 家和 75 家，分别占全区 A 级景区总数的 41.98%和 28.63%；5A 级和 1A 级景区相对较少，分别为 9 家和 14 家，分别占全区 A 级景区总数的 3.44%和 5.34%。4A 级景区共计 54 家，占比 20.61%。

5A 级景区全年平均门票价格最高，为 74 元；其次是 4A 级景区，为 29 元；2A 级和 1A 级景区相对较低，分别为 10 元和 5 元。淡季平均门票价格同样也以 5A 级景区最高，为 63 元；其次是 4A 级和 3A 级景区，分别为 27 元和 14 元；2A 级和 1A 级景区相对最低，分别为 9 元和 5 元。旺季淡季平均门票价格也以 5A 级景区最高，为 86 元；其次是 4A 级和 3A 级景区，分别为 32 元和 17 元；2A 级和 1A 级景区相对最低，分别为 10 元和 5 元（图 7-13）。

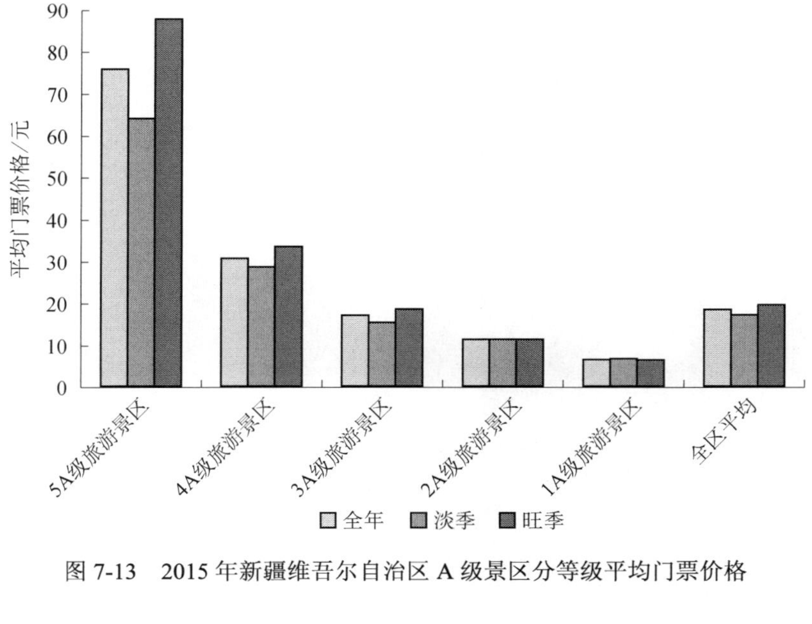

图 7-13　2015 年新疆维吾尔自治区 A 级景区分等级平均门票价格

三、分类型A级景区门票价格

从景区类型来看，2015年新疆维吾尔自治区A级景区以自然景观类景区数量最多，为103家，占全区A级景区总数的39.31%；其次是自然景观类和度假休闲类景区，分别为40家和37家，占比分别为15.27%和14.12%；工业旅游类、红色旅游类和科技教育类景区相对较少，分别为8家、8家和4家，占比分别为3.05%、3.05%和1.53%；其他类型景区共计62家，占比23.66%。

全年平均门票价格（图7-14）以自然景观类景区最高，为25元；其次是历史文化类和科技教育类景区，分别为20元和17元；度假休闲类、工业旅游类和博物馆类景区全年平均门票价格相对较低，分别为9元、6元和5元。此外，淡季平均门票价格同样以自然景观类景区最高，为22元；其次是历史文化类和科技教育类景区，分别为19元和17元。旺季平均门票价格还是自然景观类景区最高，为27元；其次是历史文化类和科技教育类景区，分别为21元和17元。

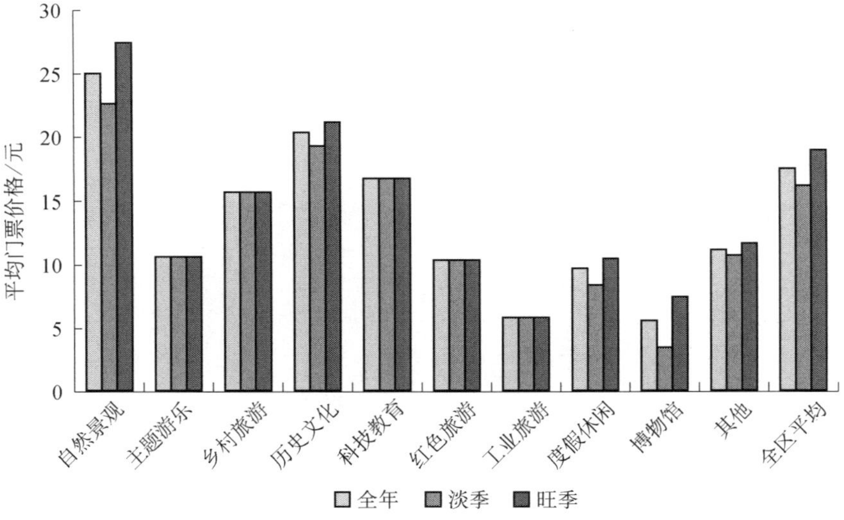

图7-14　2015年新疆维吾尔自治区A级景区分类型平均门票价格

四、分体制 A 级景区门票价格

从景区经营体制来看，2015 年新疆维吾尔自治区 A 级景区以企业为经营主体的景区数量最多，共 162 家，占全区 A 级景区总数的 61.83%；其次是以事业单位为经营主体的景区，共 83 家，占比为 31.68%；以行政单位为经营主体的景区最少，为 17 家，占比为 6.49%。

各经营体制 A 级景区平均门票价格以行政单位为经营主体的景区最高，为 21 元；其次是以企业为经营主体的景区，为 18 元；以事业单位为经营主体的景区平均门票价格最低，为 15 元。淡季平均门票价格同样也以行政单位为经营主体的景区最高，为 18 元；其次是以企业和事业单位为经营主体的景区，分别为 17 元和 14 元。旺季平均门票价格同样也以行政单位为经营主体的景区最高，为 25 元；其次是以企业和事业单位为经营主体的景区，分别为 19 元和 16 元（图 7-15）。

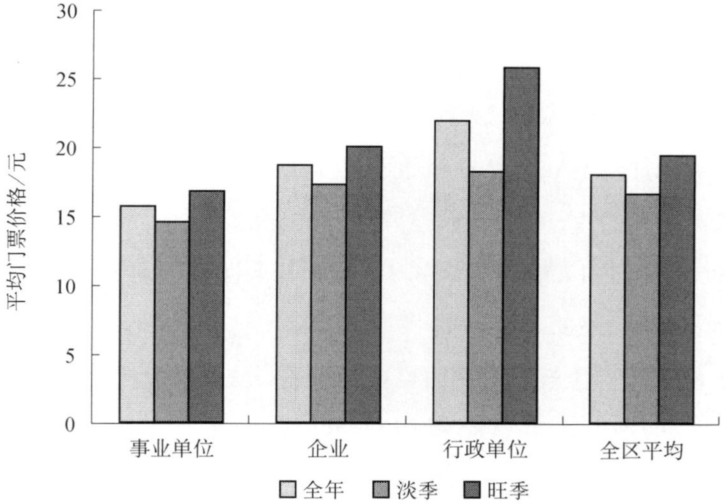

图 7-15　2015 年新疆维吾尔自治区 A 级旅游景区分体制平均门票价格

第六节　新疆生产建设兵团

新疆生产建设兵团位于新疆维吾尔自治区内，是中国现存的最后一个生产建设兵团，也是中国最大的兼具戍边屯垦、实行“军、政、企合一”的特殊行政区划单位。兵团部驻乌鲁木齐市，分支机构遍及新疆（克孜勒苏除外），主要靠近“两周一线”[即“两大沙漠”和一个边境线（中国西北边境）]。自兵团开发旅游以来，围绕“中国屯垦旅游”品牌，依托兵团丰富的旅游资源，实行“一师一色，一团一品”战略，深度开发军垦文化旅游、农业观光体验旅游、休闲度假旅游、边境旅游、工业旅游等多种旅游产品。

2015 年，新疆生产建设兵团共有 A 级旅游景区 41 家，其中免门票和收门票景区分别为 22 家和 19 家，分别占全团 A 级景区总数的 53.66%和 46.34%。景区旅游总收入达 2.81 亿元，其中门票收入为 0.25 亿元，占景区旅游总收入的 8.90%。游客接待量共计 0.36 亿人次，其中政策性免票游客和购票游客分别为 1714.59 万人次和 1873.38 万人次，分别占全团 A 级景区游客接待总量的 47.63%和 52.04%。

2015 年，新疆生产建设兵团积极响应中国旅游景区协会“5A、4A 级景区带头不涨价”倡议，在首批不涨价景区的名单中，新疆生产建设兵团 A 级景区共计 11 家。

一、总体价格情况

2015 年，新疆生产建设兵团共有 19 家 A 级景区收门票，其中 7 家景区实行淡旺季票价。全团A级景区全年平均门票价格为10元，较2014年上涨11.11%，但较全国A级景区平均门票价格低出67.74个百分点。淡旺季平均门票价格分别为8元和11元（表7-16）。

表7-16 2014～2015年新疆生产建设兵团A级景区平均门票价格总体情况

全年平均门票价格			淡季平均门票价格	旺季平均门票价格
2014年	2015年	增长率		
9元	10元	11.11%	8元	11元

景区游客人均门票负担及门票福利（表7-17）：2015年新疆生产建设兵团A级景区所有游客人均门票负担和购票游客人均门票负担分别为6.26元和11.74元，其中所有游客人均门票负担较2014年增加0.86元，增长15.93%。购票游客人均门票负担较2014年减少1.80元，下降13.29%，分别低于全国平均水平70.49和69.20个百分点。此外，2015年新疆生产建设兵团A级景区门票福利共计0.19亿元，占全国景区门票福利总额的0.04%，较2014年增加0.01亿元，增长5.56%。

表7-17 2014～2015年新疆生产建设兵团A级景区分等级人均门票负担及门票福利统计

项目	2014年	2015年	增量	增长率/%
所有游客人均门票负担/元	5.40	6.26	0.86	15.93
购票游客人均门票负担/元	13.54	11.74	−1.80	−13.29
门票福利/亿元	0.18	0.19	0.01	5.56

景区平均门票价格占居民人均月收入和月消费支出比重（表7-18）：2015年新疆生产建设兵团城镇、农村及全团居民人均月收入分别为2619元、1254元和2107元，城镇、农村及全团居民人均月消费支出为1692元、1128元和1481元。A级景区平均门票价格分别占城镇、农村及全团居民人均月收入的0.38%、0.80%和0.47%，分别占城镇和农村居民人均月消费支出的0.59%、0.89%和0.68%。与2014年相比，平均门票价格占农村居民人均月收入比重上升2.56%，平均门票价格占城镇居民人均月收入比重下降2.56%。

表 7-18　2014～2015 年兵团 A 级景区平均门票价格与居民人均月收入和月消费支出占比

（单位：%）

年份	占居民人均月收入比重			占居民人均月消费支出比重		
	城镇	农村	全团	城镇	农村	全团
2014	0.39	0.78	0.47	—	—	—
2015	0.38	0.80	0.47	0.59	0.89	0.68

二、分等级 A 级景区门票价格

从景区等级结构来看，2015 年新疆生产建设兵团 3A 级景区数量最多，为 28 家，占全团 A 级景区总数的 68.29%；其次是 4A 级景区，为 10 家，占比为 24.39%；2A 级景区最少，仅 3 家，占比为 7.32%。

4A 级景区全年平均门票价格最高，为 18 元；其次是 3A 级和 2A 级景区，均为 7 元。淡季平均门票价格同样也以 4A 级景区最高，为 14 元；3A 级和 2A 级景区分别为 6 元和 7 元。旺季平均门票价格也是 4A 级景区最高，为 22 元；3A 级和 2A 级景区平均门票价格分别为 8 元和 7 元（图 7-16）。

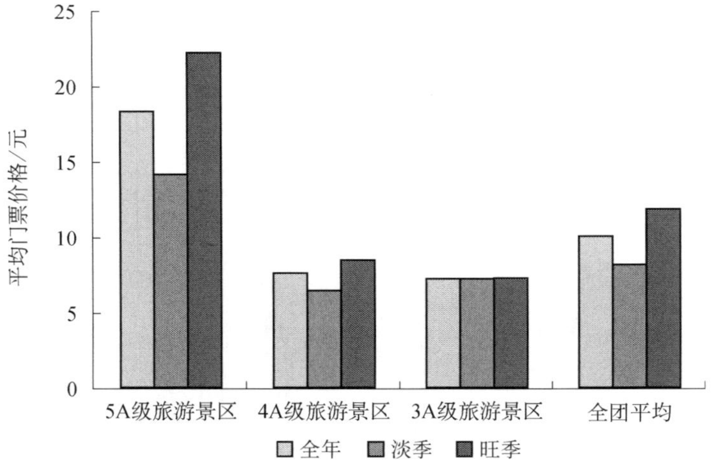

图 7-16　2015 年新疆生产建设兵团 A 级景区分等级平均门票价格

三、分类型A级景区门票价格

从景区类型来看，2015年新疆生产建设兵团A级景区以自然景观类景区数量最多，共13家，占全团A 级景区总数的31.71%；其次是度假休闲类景区，为10家，占比为24.39%；科技教育类和博物馆类景区相对最少，均为1家，占比为2.44%；其他类型景区共计16家，占比为39.02%。

各类型A 级景区除科技教育、工业旅游和博物馆等四类景区免门票外，其他类型景区均收门票。其中全年平均门票价格以乡村旅游类景区最高，为17元；其次是自然景观类和度假休闲类景区，分别为15元和11元。此外，淡季平均门票价格同样以乡村旅游类景区最高，为17元；其次是自然景观类和历史文化类景区，分别为11元和7元。旺季平均门票价格以自然景观类景区最高，为19元；其次是乡村旅游类和度假休闲类景区，分别为17元和13元（图7-17）。

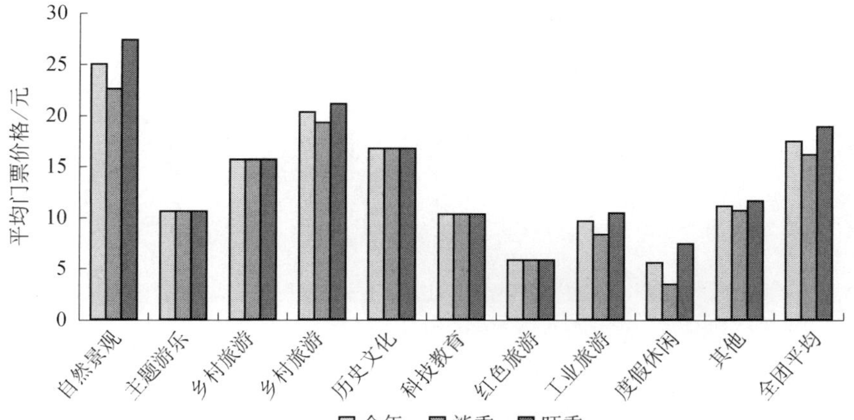

图7-17　2015年新疆生产建设兵团A级景区分类型平均门票价格

四、分体制A级景区门票价格

从景区经营体制来看，2015年新疆生产建设兵团A级景区以企业为经营主体的景区数量最多，共 31 家，占全团 A 级景区总数的 75.61%；其次是以事业单位为经营主体的景区，共 8 家，占比为 19.51%；以行政单位为经营主体的景区最少，仅 2 家，占比为 4.88%。

全年平均门票价格以事业单位和行政单位为经营主体的景区最高，均为 10 元；其次是以企业为经营主体的景区，为 9 元。淡季季平均门票价格以行政单位为经营主体的景区最高，为 10 元；其次是以事业单位和企业为经营主体的景区，分别为 9 元和 7 元。旺季季平均门票价格以事业单位和企业为经营主体的景区最高，均为 11 元；以行政单位为经营主体的景区最低，为 10 元（图 7-18）。

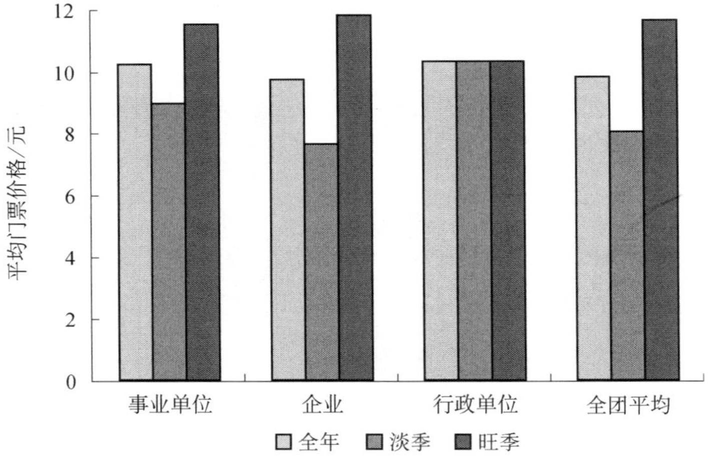

图 7-18　2015 年新疆生产建设兵团 A 级旅游景区分体制平均门票价格